W0352363

Mit Vorfreude auf einen täuren wilden Winter!

Love you.

Dea 2003

B A U M G A R T N E R · S C H I T O U R E N

Leo
Baumgartner

Schitouren

von den
Hohen Tauern
bis zu den
Julischen Alpen

52 Touren-
vorschläge
mit
beigelegtem
Tourenheft

Verlag Carinthia

2. Auflage 1997

ISBN 3-85378-425-9

© 1994 Verlag Carinthia, Klagenfurt

Alle Rechte vorbehalten

Die Karten wurden vervielfältigt mit Genehmigung
des Bundesamtes für Eich- und Vermessungswesen
(Landesaufnahme) in Wien, Zl. L 70 170/94

Ausschnitte aus der freytag & berndt Wanderkarte 141
© Freytag-Berndt und Artaria, 1071 Wien

Layout und graphische Gestaltung: Siegfried Jesch
Gesamtherstellung: Medienhaus Carinthia GmbH, Klagenfurt/Austria

Inhalt

Schon wieder ein Schitourenbuch, wird sich so mancher Bergfex und Kenner der Alpinszene denken, wenn er dieses Buch in die Hand nimmt. Freilich, schon wieder eines, allerdings, so sagen Autor und Verlag, ein ganz besonderes! Die Idee zu diesem Projekt kam eigentlich im Zuge der Besprechung über ein Großglockner-Buch zustande.

Leo Baumgartner, der bekannte Berg- und Schiführer aus Osttirol, mußte allerdings erst davon überzeugt werden, sein umfangreiches Wissen und vor allem seine speziellen Touren einem breiteren Leserkreis und einer interessierten Tourengeherklientel vorzustellen.

Die Basis für das Buch sind eigentlich die von Leo Baumgartner im Rahmen seiner Berg- und Schiführertätigkeit geführten Touren, wobei als weiteres Auswahlkriterium dazukam, daß als Zentrum Schibergsteiger aus Kärnten „bedient“ werden sollten. Daß der Blickwinkel nicht auf Kärnten und Osttirol beschränkt blieb, ist klar, ist man doch relativ schnell in den Sextener Dolomiten oder den Julischen Alpen, wo anspruchsvolle und schöne Touren warten.

Ganz bewußt wurde in den Titel nicht das schmückende Beiwort „Die schönsten Touren“ aufgenommen, doch wurde darauf geachtet, daß sowohl der Extremgeher als auch der Anfänger Routenvorschläge vorfinden, die dem jeweiligen Können entgegenkommen. Und dies sollte dieses Werk auch sein, kein Führer im klassischen Sinne, sondern ein „Appetitmacher“, ein Buch, mit dem man Freude hat, das man in einer ruhigen Stunde liest und in dem man die hervorragenden Bilder bewundert, mit dessen Hilfe man die eine oder andere Tour sich auswählt (und am Rande auch noch andere findet) und, mit dem beigelegten Tourenheft in der Tasche, auch verfolgt.

In diesem Sinne wünschen Ihnen Autor und Verlag viel Vergnügen mit diesem Buch, zahlreiche Touren mit Sonne, in Pulver und in Firn und vor allem unfallfreie Bergerlebnisse.

PS: Ein Tourenheft, in dem die Tourenbeschreibung in Kurzform, Karten sowie praktische Tips für die Tour enthalten sind, finden Sie im Buch beigelegt: klein und dünn, optimal zum Mitnehmen!

Venedigergruppe

Strichwandkogel

2640 m

Versteckt und steil

Eigentlich hat dieser Berg keine Bedeutung in seinem Umfeld, wohl aber für den Schitourengeher, der gut bei „Saft“ ist.
Es ist eine ausgesprochene Firntour, deshalb geht nichts ohne zeitigen Start, denn „guten Firn“ findet man von ca. 10 bis 12 Uhr vor. Anfangs wird man die Schi tragen müssen, später sind Harscheisen eine zusätzliche Sicherheit: teilweise hat der Süd- bis Südwesthang 35–40 Grad Neigung.

ANREISE:

Felbertauernstraße – Abfahrt nach Gruben

AUSGANGSORT:

Gruben, 1164 m, ein kleiner Ort mit alten Holzhäusern. Das Auto läßt man am besten im Ort stehen, vielleicht gleich neben der starken Rechtskurve. Für den Aufstieg folgt man dem Schild „Badenerhütte“ oder „Zedlacher Alm“.

AUFSTIEG:

Vom Ort auf der steilen Straße links aufwärts zum alleinstehenden Holzhaus oben am Taleingang. Bis zu den Katalalmen, 1725 m, der Straße nach. Vor der ersten Hütte, gleich nach dem Wald, rechts aufwärts. 900 Höhenmeter sind es nun noch über die kürzer scheinende, riesige Mulde auf den Grat und dann rechts flach zum Gipfel.

ABFAHRT:

entlang des Aufstieges

BEWERTUNG:

Aufstieg: –S, Abfahrt: –S

HÖHENUNTERSCHIED:

Aufstieg
und Abfahrt: je 1470 m

ZEIT:

je nach Kondition:
insgesamt ca. 5 Std.

JAHRESZEIT:

März bis April

KARTE:

AV-Nr. 36, Venedigergruppe

Strichwandkogel: der rechte größere Sonnenhang gegen den Horizont.

Großer Happp

3350 m

Für den Überblick

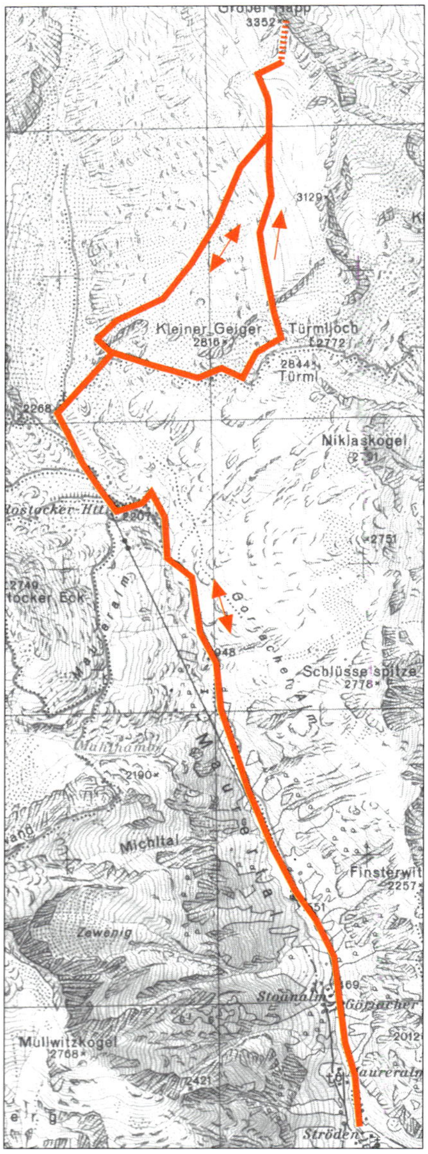

KARTE:

AV-Nr. 36, Venedigergruppe

Warum wird der Große Happ in diesem klassischen Umfeld hier aufgenommen? Muß es immer einer der höchsten Gipfel sein? Um einen Eindruck vom Tourengebiet zwischen Großvenediger bis zum Malham zu bekommen, eignet sich der „Happ" allerdings hervorragend. Mit den alpinen Gefahren scheint es mir hier auch etwas weniger kritisch zu sein, vergleicht man diesen Gipfel mit den Simonyspitzen oder der Dreiherrnspitze, wo ein Teil mit dem Seil auch noch abgefahren werden soll. Insgesamt ist es eine großartige Tourengegend mit Stützpunkt Rostockerhütte. Anzuraten wäre eine Anmeldung beim Hüttenwirt (Friedl Steiner), sollte man vorhaben, länger zu bleiben.

BEWERTUNG:

Aufstieg und Abfahrt: –M

HÖHENUNTERSCHIED:

Ströden–Hütte:	800 Höhenmeter
Hütte–Gipfel:	1142 Höhenmeter
Abfahrt total:	1942 Höhenmeter

ZEIT:

Parkplatz–Hütte:	2,5 bis 3 Stunden
Hütte–Gipfel:	4 Stunden
Abfahrt total:	2 Stunden

JAHRESZEIT:

März bis Mai

ANREISE:

Felbertauern oder Iseltal – Matrei–Virgental – Parkplatz Ströden im Talschluß

AUSGANGSORT:

In Ströden, 1400 m. Der Hüttenaufstieg ist von einigen Lawinenstrichen betroffen. Daher ist es ratsam, entweder am frühen Vormittag aufzusteigen oder zu warten, bis es wieder abgekühlt hat, und den Aufstieg am späten Nachmittag zu bewältigen. Diese Gefahr herrscht natürlich nicht immer vor, sondern ist stark von Neuschnee und der Tageserwärmung sowie Luftfeuchtigkeit abhängig. Gute Tips in dieser Hinsicht gibt der Hüttenwirt.

AUFSTIEG:

1. Tag: Gleich hinterm Parkplatz zur Stoanalm und am Fahrweg zum Materialaufzug (Ausrüstungstransport möglich). Von dort bis nach dem lockeren Lärchenwald ist jener Bereich, wo Lawinenkegel zu überqueren sind. Anschließend wird der Aufstieg einfacher.

2. Tag: Von der Hütte flach zurück und über die Brücke am Maurerbach. Ab hier gibt es zwei Möglichkeiten: entweder in Richtung Türmljoch und hinterm Kleinen Geiger beim Felsturm auf den Gletscher. Dazu sind Harscheisen ein Vorteil. Oder direkt den schmalen Rücken hinauf auf den Gletscher. Der Gipfelanstieg erfolgt über den blockigen Felsrücken (ohne Schi).

ABFAHRT:

entlang der Aufstiegsspur

Großer Happ, vom Maurertörl aus gesehen

Aufstieg zum Maurertörl

Großvenediger

3667 m

Einfach und weit

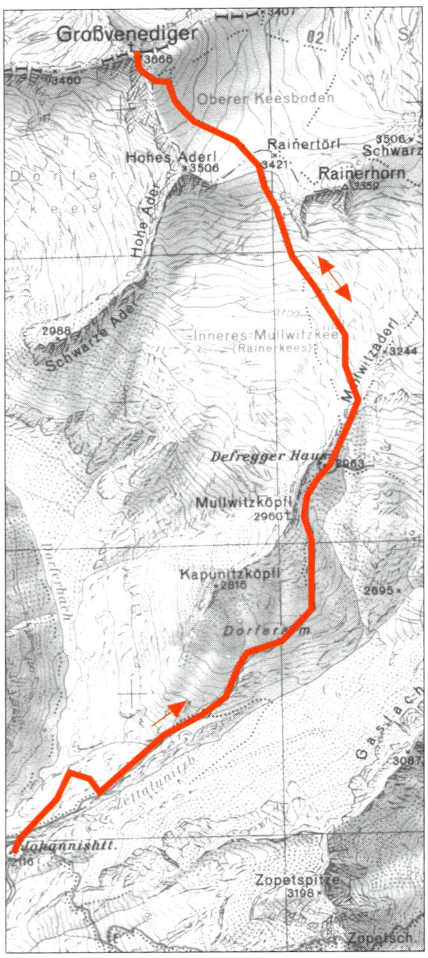

Riesig und vergletschert, weite Flächen, keine steilen, langen Flanken und Grate – so könnte man, in Kurzform, den Großvenediger beschreiben. Zum Unterschied vom Großglockner ist alles sanfter und einfacher, der Großvenediger ist eigentlich der klassische Schiberg. Unter Einbeziehung der im Frühjahr geöffneten Hütten (Rostocker-, Kürsingerhütte) läßt sich eine großartige Rundtour machen. Ausgangsort: 1. Tag: Ströden–Rostockerhütte –
2. Tag: Großer Geiger, 3360 m – Kürsingerhütte – 3. Tag: Großvenediger–Hinterbichl. Das ist die eine Möglichkeit. Eine längere Route führt über das Rainer Horn, die Schwarze Wand und den Hohen Zaun. Ich beschränke mich aber auf eine Besteigung Ende Juni/Anfang Juli von der Johannishütte aus. Es ist die einfachste Tour und bietet meistens gute Schneeverhältnisse. Zuerst auf dem harten Firn über die weiten Gletscher flitzen und später die aufgeweichten Hänge weiter unten genießen, das sind schon eindrucksvolle Erlebnisse – vorausgesetzt, Sie verlassen frühzeitig das Defreggerhaus!

BEWERTUNG:

Aufstieg: L, Abfahrt M

HÖHENUNTERSCHIED:

Johannishütte–Defreggerhaus:	840 Höhenmeter
Defreggerhaus–Gipfel:	705 Höhenmeter
Abfahrt total:	1545 Höhenmeter

ZEIT:

1. Tag: Aufstieg zum Defreggerhaus	ca. 2,5 Stunden
2. Tag: Aufstieg und Abfahrt:	5 bis 6 Stunden

JAHRESZEIT:

Je nach Schneelage im Juni

KARTE:

AV-Nr. 36, Venedigergruppe

ANREISE:

Felbertauern – Iseltal – Matrei– Virgental – Hinterbichl. Die Auf- und Abfahrt zur Johannishütte ist mit dem Hüttentaxi (F. Kratzer, Prägraten) möglich.

AUSGANGSORT:

Parkplatz bei der Johannishütte, 2121 m. Es ist möglich, mit dem Wirt vom Defreggenhaus die Vereinbarung zu treffen, daß die Schi und der Rucksack mit dem Materialaufzug transportiert werden.

Großvenediger 3667 m

Am Mullwitzaderl, in der Bildmitte der Großvenediger

AUFSTIEG:

Der gesamte Aufstieg verläuft entlang des Sommerweges. Wenn man ab 2300 m von der markanten Moräne rechts hinunterschaut, ist die Abfahrt entlang vom Mullwitzbach gut einzusehen, gleichzeitig ist man informiert über die Schneeverhältnisse für den nächsten Tag. Nach 100 Höhenmetern geht es oberhalb vom Defreggerhaus auf den Gletscher (bitte mit Seil!). Vom Venediger ist noch nicht viel zu sehen, man erblickt allerdings das Rainerhorn, 3560 m, und das Hohe Aderl, 3504 m. Dazwischen liegt das Rainer Törl, von da sind es nur mehr 250 Höhenmeter zum Gipfel. Für den Händedruck beim Gipfelkreuz müssen sie schwindelfrei sein. Der Schneegrat zum Kreuz hinüber ist nicht lang, aber schmal und ausgesetzt.

ABFAHRT:

Entlang der Aufstiegsspur. Oberhalb vom Defreggerhaus ist eine lange Schrägfahrt zum Zettalunitz Kees zu bewältigen. Dort die Gletscherzunge entlang und beim zugeschneiten Bach zur Johannishütte. Es kann sein, daß man die letzten Meter zum Parkplatz die Schi tragen muß.

4

Hoher Zaun

3467 m

Ein Privileg der Schibergsteiger

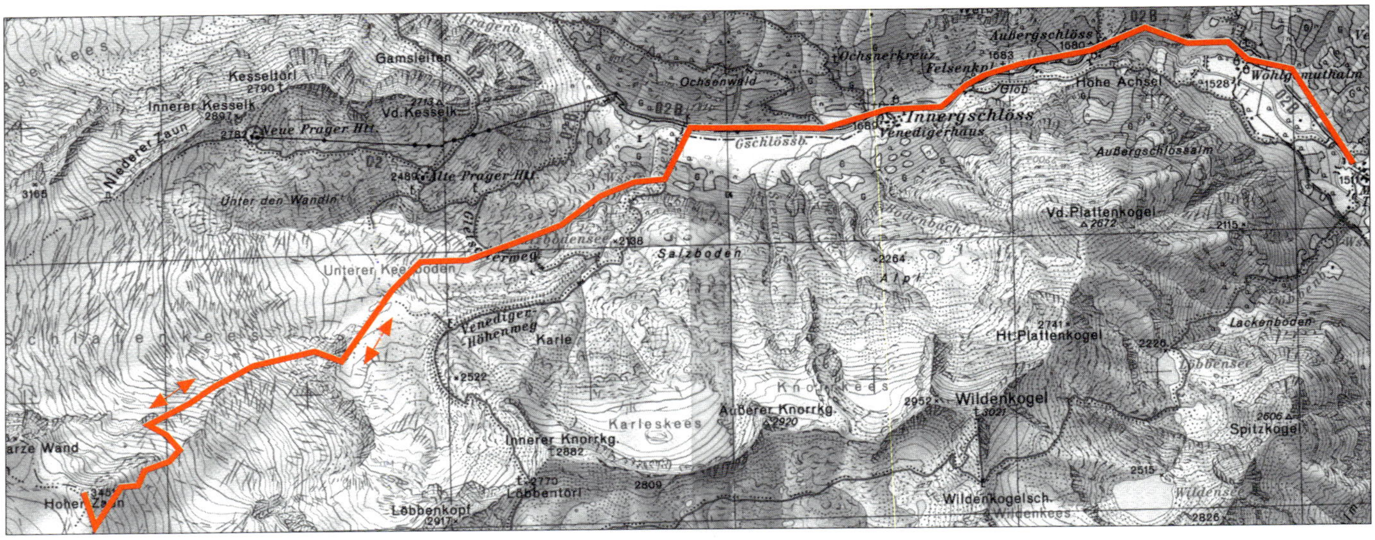

BEWERTUNG:
Aufstieg: –S, Abfahrt: –S

HÖHENUNTERSCHIED:
1955 Höhenmeter

ZEIT:
6 bis 10 Stunden total

JAHRESZEIT:
April bis Ende Juni

KARTE:
AV-Nr. 36, Venedigergruppe

Wenn auf die Übernachtung im Winterraum der Pragerhütte verzichtet wird, ist der Weg bis zum Gipfel lang. Die Abfahrt wäre zwischen 10 und 11 Uhr günstig, und das ergibt auch die Abmarschzeit im Tal beim Matreier Tauernhaus. Je nach Leistung 4, 5, 6 oder 7 Stunden früher. Für eine Spitzenabfahrt ist diese umgekehrte Rechnung notwendig. Jeder Schifahrer freut sich bei 2 cm weichem Firn, unterbrochen von Pulverschnee.
Zwischen Gletscherbrüchen und Felsen schwingt man abwärts, ohne Krafteinsatz, und das 1700 Höhenmeter. Kommt man zu spät, sind drüben auf der anderen Seite vom Schlatenkees zur und von der Pragerhütte die tiefen „Regenwurmspuren“ zu sehen, dann ist es schade um den ganzen Aufwand und um die vertane Chance für eine großartige Abfahrt. Oft ist es so, daß „Winterraumschläfer“ in der Früh zu spät herauskommen. Im April, Mai, Juni muß die Taktik umgestellt werden, besonders wenn eine Temperaturspitze vorausgesagt wird. Solchen Vorgaben müßten auch die Hüttenwirte entsprechen: Bitte die Frühstückszeit früher ansetzen. Ist man eine Stunde zu spät unterwegs, kann man schon verspielt oder den „Regenwurm“ gewonnen haben. Anfang Mai wird es um 4.30 Uhr hell, und die Sonne kommt um 6 Uhr über den Horizont. Für diese großartige Tour lohnt sich der Aufwand!

Hoher Zaun
3467 m

Von links gesehen: Kristallwand, Hoher Zaun, Großvenediger, Kleinvenediger

ANREISE:

Felbertauernstraße, ca. 3 km vor oder nach dem Südportal findet man die Abzweigung zum Matreier Tauernhaus.

AUSGANGSORT:

Der Parkplatz vor einer rot-weiß-roten, versperrten Querstange am Weg zum Innergschlöß, gleich hinter dem Matreier Tauernhaus.

AUFSTIEG:

Der Fahrstraße entlang bis zur Brücke hinter den Innergschlösser Almen. Im Dunkeln mit Stirnlampe ist diese Strecke kein Problem.
Über die Brücke und zurück vor den Wasserfall, dann auf die andere Seite vom Schlatenbach. Im lockeren Lärchenwald zwischen Felsstufen auf den Rücken, der zum Schlatenkees führt. Weiter entlang der Mittelmoräne, dann nach links und in der gletscherfreien Mulde aufwärts. Nun leitet eine vergletscherte Rampe zur Felsinsel (Nunataka) in 3000 m Höhe. An der westlichen Seite über die Felsen hinaufstapfen und nachher unter den Gipfelfelsen in die flachere, östliche Mulde queren. Dort im weiten Bogen auf die Südseite und unschwer zum Gipfel. Der Aufstieg ist stark vergletschert, und dementsprechend sollte auch die Ausrüstung mit dabei sein.

ABFAHRT:

Entlang des Aufstiegs oder bei Firn entlang der ausgeaperten Felsen.

Hoher Zaun 3467 m

Aufstieg zum Hohen Zaun, im Hintergrund die Schwarze Wand

Die wunderschöne Abfahrt vom Hohen Zaun vor dem Profil der Schwarzen Wand

Granatspitzgruppe

Hochgasser

2922 m

Er hat immer Saison

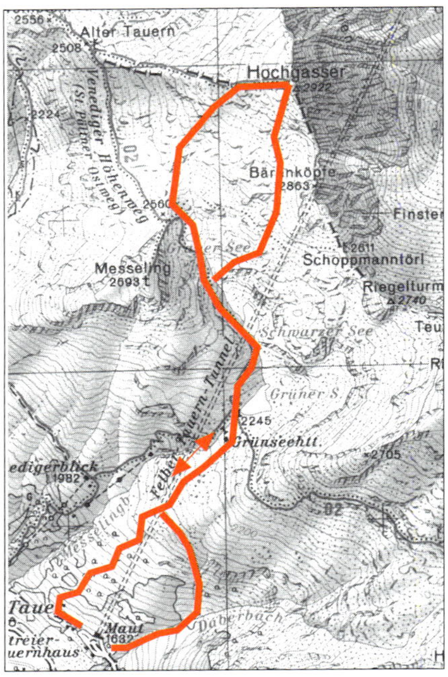

Es ist eine geschichtsträchtige Gegend, die zur Hälfte von der Westseite des Hochgassers gebildet wird. Schon vor Christi Geburt sollen die Römer dort einen Weg angelegt haben, später, zwischen 1300 und 1550 n. Chr., war die Blütezeit des Handelsverkehrs. Im Jahre 1462 gab es 504 mautpflichtige „Tauernsäumer". In der Nordrichtung ziehen direkt vom Gipfel 900 m lange, steile Felswände hinunter zum Felbertauerntunnel. Die Umgebung hält manch wunderschöne lange Schitour als Überraschung bereit, als Stützpunkt eignet sich bestens das Matreier Tauernhaus.

ANREISE:

Felbertauernstraße – Südportal

AUSGANGSORT:

Südportal Felbertauerntunnel, 1620 m. Am Ende des Parkplatzes links hinter der Mautstelle.

AUFSTIEG:

Waagrecht und leicht abfallend hinter dem nüchternen Haus auf dem Weg zur Schipiste (seit Jahren kein Betrieb mehr). Diese Piste entlang, aber nicht bis zur Lift-Bergstation, sondern vorher rechts aufwärts in Richtung Grünseehütte, 2235 m. Von dort an den 3 Seen vorbei und dann rechts hinauf auf den Gipfel, 2922 m.

ABFAHRT:

dem Aufstieg entlang

BEWERTUNG:

Aufstieg und Abfahrt: –L

HÖHENUNTERSCHIED:

1260 Höhenmeter

ZEIT:

insgesamt ca. 5 Stunden

JAHRESZEIT:

Dezember bis April

KARTE:

AV-Nr. 36, Venedigergruppe, oder
AV-Nr. 39, Granatspitzgruppe

Der Hochgasser, von Wolken verdeckt

6

Glockenkogel

2829 m

Eine ordentliche Tour

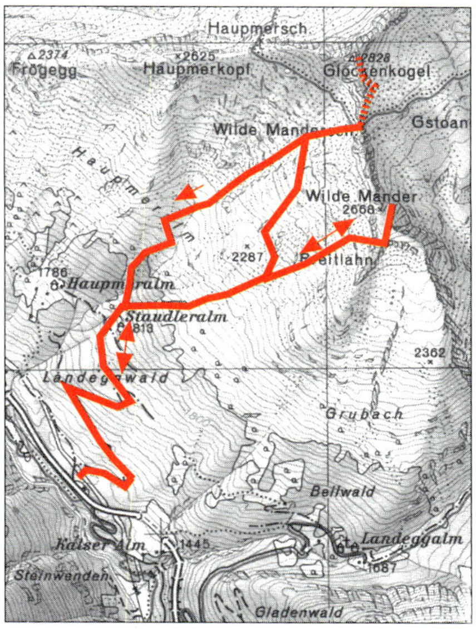

Fährt man, vom Süden kommend, auf der Felbertauernstraße, wird man als Schitourengeher diesen Berg nicht übersehen. Gleichzeitig wird man sich die Frage stellen, inwieweit der Waldgürtel unterhalb ein Problem darstellt.
Wie auch immer – der „Komfort-Tourengeher" wird sich abschrecken lassen, und das ist auch gut so.
Der Glockenkogel ist keine einfache Tour, schon eher prädestiniert für den „Könner".

ANREISE:

Felbertauernstraße bis Landeckwald

AUSGANGSORT:

Parkplatz Landeckwald an der Felbertauernstraße

AUFSTIEG:

Entweder dem Forstweg nach auf die Almen oder bei der ersten Kehre am Forstweg rechts in die von Bäumen bewachsenen Wiesen hinein, dort entlang aufwärts. Zeitweise ziemlich steil. Oberhalb vom Wald immer links halten in Richtung Punkt 2290 m. Das Ziel ist die Scharte zwischen Wilde Mander, 2668 m und Glockenkogel. Den Südgrat zum Gipfel erreicht man in unschwieriger Blockkletterei.

ABFAHRT:

Von der Scharte gerade hinunter in den flachen Kessel. Vorne an der Kante eher rechts in Richtung Haupmer Alm. Nun nur mehr der Forststraße nach.

BEWERTUNG:

Aufstieg ohne Gipfelgrat: –M,
Abfahrt: –M

HÖHENUNTERSCHIED:

Aufstieg
und Abfahrt: 1330 Höhenmeter

ZEIT:

Aufstieg
und Abfahrt: 5 bis 6 Stunden

JAHRESZEIT:

Februar bis April

KARTE:

AV-Nr. 39, Granatspitzgruppe

Im Hintergrund Mitte: der Glockenkogel, ein markanter Gipfel

Blauspitze (Libanölkogel)

2539 m

Kurz, aber abwechslungsreich

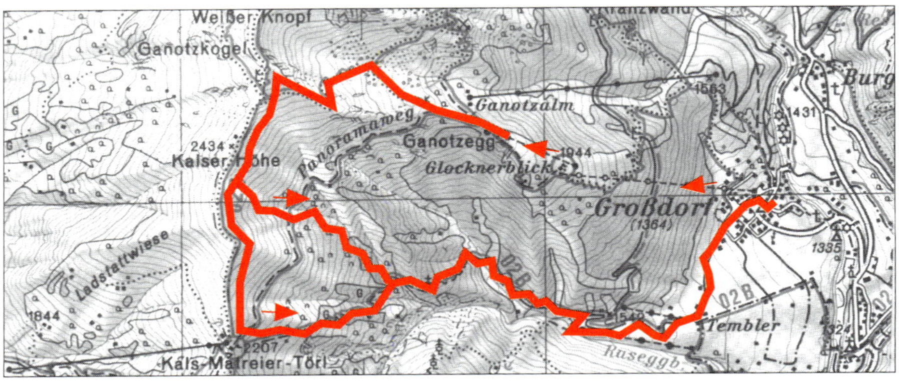

ANREISE

Iseltal – Huben – Kals – Großdorf

AUSGANGSORT

Talstation „Glocknerblick – Bergbahnen"

AUFSTIEG

Zuerst mit 2 Liften (Sessellift und Schlepplift) auf 2065 m. Oberhalb vom Lift rechts am flachen Rücken aufwärts in die große Mulde, die aber bald nach links in jene Richtung verlassen wird, wo oftmals wenig Schnee liegt. Nach der Kante geht es einfach zum Gipfel.

ABFAHRT

Den Rücken entlang bis zum Feldkopf, 2272 m. Von dort den Rücken abwärts bis zum Sommerweg und diesem nach zur Schipiste. Direkte Abfahrt: vom Gipfel gerade hinunter, möglicherweise muß zweimal kurz abgeklettert werden.

BEWERTUNG

Aufstieg: –M
normale Abfahrt: –M
direkte Abfahrt: –S

HÖHENUNTERSCHIED

Aufstieg:	490 Höhenmeter
Abfahrt:	1175 Höhenmeter

ZEIT

ca. 3 Stunden

JAHRESZEIT

Dezember bis März

KARTE

AV-Nr. 39, Granatspitzgruppe

Zwar ist es nur eine kurze Tour, doch bietet sie sowohl bei Aufstieg als auch bei Abfahrt viele Abwechslungen: Eine Traumabfahrt darf sich der erwarten, der gute Firnverhältnisse erwischt, auch bei der „normalen" Abfahrt über den Rücken.

Die Blauspitze ist in der Bildmitte, am Ende des Schneegrates sichtbar, der markante Gipfel im Hintergrund ist die Vordere Kendlspitze

Glocknergruppe

Figerhorn

2744 m

Warum ist da kein Lift?

Genau südlich dem Großglockner vorgelagert findet man diesen bekannten Schiberg. Seine sanften Hänge entsprechen der Idealvorstellung der Tourengeher, auch weil dieser Berg vom Winteranfang bis -ende begangen werden kann. Nur der Gipfelhang stellt größere Anforderungen, man umgeht ihn, wenn notwendig, links davon am steilen, grasigen Rücken. Aber Achtung, bei gefrorenem Boden ist dies nicht ganz einfach. Nicht so gute Schifahrer sollen die Bretteln lieber beim Schidepot lassen!

ANREISE:

Iseltal – Huben – Kals – Burg – Richtung Lucknerhaus

AUSGANGSORT:

Auf der Kalser Glocknerstraße, bevor man die Brücke vom Ködnitzbach erreicht. Dort geht ein Forstweg im Sinne der Auffahrt links weg.

AUFSTIEG:

Ca. 20 Minuten der Forststraße nach. Im freien Gelände rechts hinauf zur Heuhütte. Weiter oben kommt noch einmal eine Heuhütte, von der immer links haltend zum flachen Rücken unter der Gipfelflanke. Den Aufstieg zum Gipfel schafft man über den oft schneefreien, steilen Rücken. Die letzten Meter zum Gipfel sind unschwierig.

ABFAHRT:

entlang des Aufstiegs

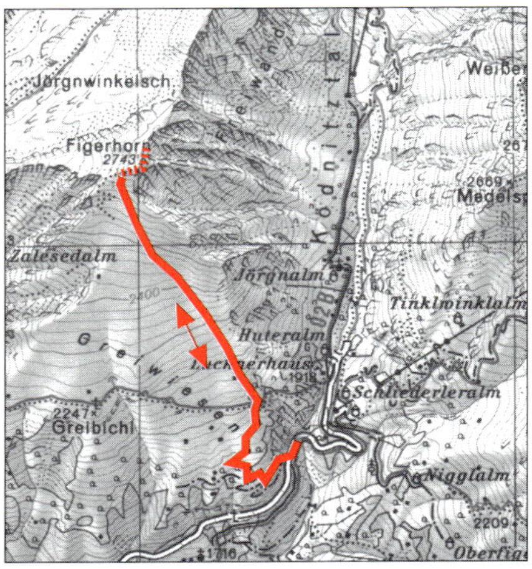

BEWERTUNG:

Aufstieg: –L
die letzten 200 m: –S
Abfahrt: –L
Gipfelhang: –S

HÖHENUNTERSCHIED:

Aufstieg und Abfahrt: 900 Höhenmeter

ZEIT:

ca. 4 Stunden

JAHRESZEIT:

Dezember bis April

KARTE:

AV-Nr. 41, Schobergruppe

Im Vordergrund gut sichtbar: Der Aufstieg zum Figerhorn über die Greiwiesen.

Rechte Seite: Abfahrt über den Gipfelhang

9

GLOCKNERGRUPPE

Schwertkopf *oder Dritter Leiterkopf*

3105 m

Steil und nochmals steil!

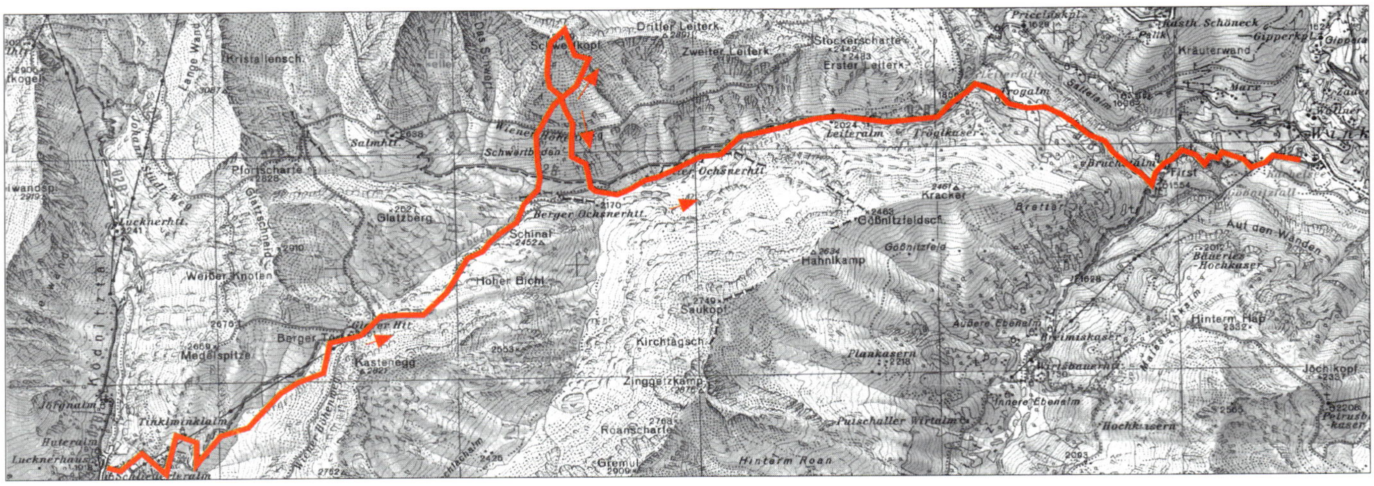

BEWERTUNG:

Aufstieg: S, Abfahrt: –S

HÖHENUNTERSCHIED:

Aufstieg:

Lucknerhaus zur Glorerhütte:	730 Höhenmeter
Kalseralm–Schwertkopf:	840 Höhenmeter
Total:	1570 Höhenmeter

Abfahrt:

Glorerhütte–Kalseralm:	390 Höhenmeter
Schwertkopf–Winkel/Heiligenblut:	1825 Höhenmeter
Total:	2215 Höhenmeter

ZEIT:

selbst berechnen

JAHRESZEIT:

März bis Mai

KARTE:

AV-Nr. 40, Glocknergruppe, oder AV-Nr. 41, Schobergruppe

Dieser Gipfel stellt, vom Großglockner nach Südosten gesehen, den letzten Dreitausender dar. Von der Pasterze aus fällt dieser Berg nicht sonderlich auf, wohl aber von Süden aus: Dort bildet er mit dem Schwert und dem Schwerteck ein besonders markantes Profil, das im Winter vom Mölltal aus sichtbar ist. Ich wollte diesen Berg einmal befahren, gleichzeitig kann eine Überquerung vom Kalsertal ins Mölltal gemacht werden. Früher Abmarsch ist Bedingung. So kamen wir zur bewirtschafteten Glorer Hütte, 2642 m, alles lag dort noch im tiefen Schlummer. Schnell die Abfahrt zur Kalser Alm bewältigt und hinauf über die fast 1000 m hohe Flanke. Einen Vorteil bietet deren enorme Steilheit: Verliert man etwas (Sonnenbrille, Schi oder Stock), braucht man nur unten am Talgrund danach zu suchen. Es ist so steil, daß man gerade noch mit Harscheisen gehen kann. Durch die „Leitertal Half Pipe" geht es hinaus zur Trogalm, für den nächsten Abschnitt wäre „eine Säge" sinnvoll. Zum Abschluß hinunter nach Winkel verzichte ich freiwillig aufs Schifahren.
Wichtig: Nur bei sehr guten Firnbedingungen machbar!

Schwertkopf mit steiler Abfahrt

ANREISE:

Iseltal – von Lienz oder Felbertauern nach Huben – Abzweigung Kalsertal – Kals – Burg Abzweigung Ködnitztal – Lucknerhaus

AUSGANGSORT:

Lucknerhaus, 1984 m, großer Parkplatz, rechts davon beginnt der Aufstieg zur Glorerhütte, 2642 m.

AUFSTIEG:

Zur Glorerhütte führt fast immer eine Spur, ab der Hütte ist man allein. Direkt hinunter zur Kalser Alm, wo es am einfachsten geht, ohne viel links und rechts zu suchen. Vielmehr sollte man sich den Aufstieg zum Schwertkopf anschauen und einprägen: Steht man in der Flanke, fehlt der Überblick zur Orientierung. Bei der Kalser Alm beginnt der Aufstieg, und hierher kommt man auch bei der Abfahrt. Der Aufstieg ist durchgehend steil (30–40 Grad) und nimmt nach oben hin stetig zu. Ab 2850 m Höhe gelangt man rechts in eine flachere Mulde, von dort geht es unschwer zum Gipfel. Ein Tip: Das Beherrschen der Spitzkehrentechnik ist absolut notwendig, sonst besteht akute Absturzgefahr!

ABFAHRT:

Am Start soll die Ausrüstung nochmals kontrolliert werden, speziell die Schibindung! Es ist ein berauschendes Gefühl, vor 1000 Höhenmetern Abfahrt zu stehen, alle 2 bis 3 m ein Schwung: Hier wird die Schitechnik enorm wichtig. Die Steilheit bedingt die ersten Schwünge, die aus dem Schrägrutschen bzw. aus der Bergstemme kommen. Kratzen, rauschen, einmal links, einmal rechts überholen mich die kleinen, vom Schwung abgeschabten Firnkörner. Ca. zur Hälfte der Flanke, oberhalb der Steilstufe, sollte man eine Rinne zwischen den ausgeaperten Felsen finden. Unterhalb von 2300 m geht es schon in Richtung Ochsnerhütte – Leitertal (oder man steigt vom Talgrund wieder zurück zur Glorerhütte). Im Talgrund verfolgt man die ca. 3 km lange „Half Pipe“ bis zur Trogalm. Ab dort einfach dem Wanderweg folgen (teilweise Markierung an den Bäumen). Immer rechts auswärts an vielen kleinen Bäumen vorbei. Ab der schön gelegenen Alm, auf dem steilen Wanderweg, können die Schi nur mehr getragen werden.

10

Böses Weibele

3121 m

Eher ein braves Weibele!

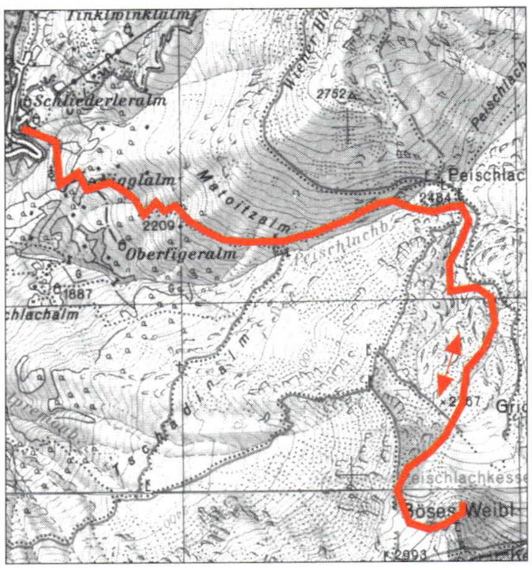

BEWERTUNG:

Aufstieg und Abfahrt: –M
Südabfahrt: –S

HÖHENUNTERSCHIED:

Aufstieg und Abfahrt:	1221 Höhenmeter
Südabfahrt:	1720 Höhenmeter

ZEIT:

Aufstieg:	4 Stunden
Abfahrt:	1 Stunde
Südabfahrt:	1,5 Stunden

JAHRESZEIT:

Februar bis Mai

KARTE:

AV-Nr. 41, Schobergruppe

Es ist kein böses Weibele, wenn man diese Tour unternimmt, eher ein braves, sehr einfaches Weibele: Oder stammt der Name vielleicht vom schlechten Wetter, das, so sagt man, in der Gegend vom Weibele herkommt? Geht man davon aus, so könnte die Taufe im Süden, in der Lesachalm, stattgefunden haben, denn von Norden kommen Sturm und Niederschlag weit in die Schobergruppe hinein.
Auf eine Gegebenheit beim Aufstieg kann ich mich gut erinnern. Bis zum Peitschlachtörl geht man über harten Firn. Gleich am Beginn kommt man an der Nigglalm vorbei, und oberhalb befindet sich ein immer etwas schwierig zu begehender Hang, der insgesamt eigentlich nicht zur Tour paßt. Ich bemühte mich wieder einmal, Kerben in den harten Firn zu treten.
Mit dabei waren auch zwei Krankenschwestern, eine hatte auf ihrer modernen Bindung keine Harscheisen montiert. Auf einmal ein Schrei, und sie stürzt ab, über harten Firn, an Bäumen vorbei und knapp neben einem Bachbett hinunter. Alle waren ziemlich geschockt, nur die Kollegin lachte schallend oben am Hang. Die zwei nahmen es locker, passiert war nichts, nur seither macht jene, die gestürzt war, keine Schitour mehr, dafür kennt sie Wien, Venedig, Paris, London und vieles andere mehr!

ANREISE:

Iseltal – Huben – Kalsertal – Kals – Lucknerhaus

AUSGANGSORT:

300 m vor dem Lucknerhaus, wo von der Straße rechts der Almweg abzweigt

AUFSTIEG:

Auf dem Almweg zur Nigglalm, 2004 m. Nach der Wiese über die Steilstufe hinauf auf die markante Schulter. Dort flach und bei oft wenig Schnee hinein in den Peischlachgraben. Diesen verfolgt man in der „Half Pipe" bis hinauf auf 2700 m. Nun den deutlichen Rücken entlang zum Tschadinsattel, 2987 m. Den Gipfel besteigt man westseitig über meist abgewehte Felsen.

ABFAHRT:

Entlang des Aufstieges. Eine andere Möglichkeit: Bei sehr guten Firnverhältnissen ist die Südabfahrt zur Lesachalm anzuraten, über die Almstraße geht es sodann nach Lesach.

11

GLOCKNERGRUPPE

Großglockner

3798 m

An einem Tag

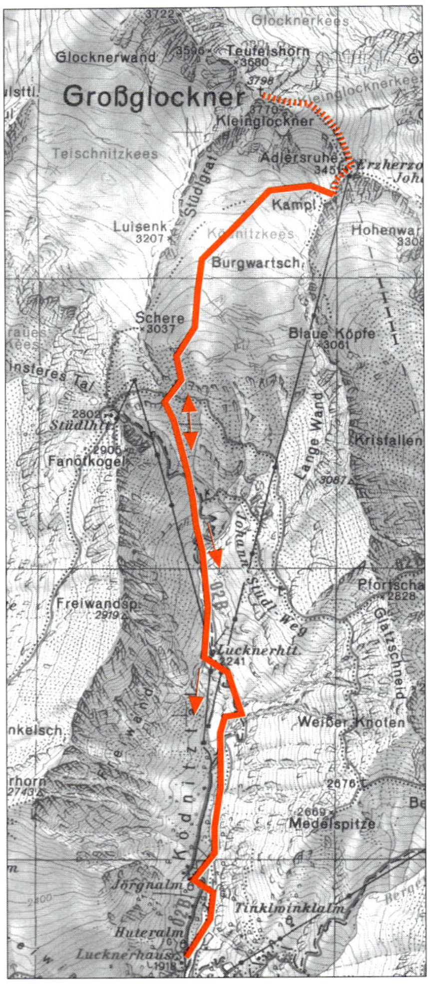

Ob Hochwinter oder Frühjahr, dieser Berg wird zunehmend den ganzen Winter über erstiegen. Die Gründe dafür liegen auf der einen Seite bei den letzten, schneearmen Wintern und auf der anderen Seite bei der zunehmenden Zahl an Tourengehern. Freilich: Es ist ein weiter Weg, und die Tage, geht man im Winter, sind noch kurz. Zudem kann das ganze Tageslicht nicht verplant werden, falls Probleme auftauchen. Die Verhältnisse ab der Adlersruhe sind oftmals nicht einfach, blankes, sprödes Eis herrscht am Leitl, wenn der Wind den kalten Schnee verweht. Am Felsgrat ist auch wenig Schnee, aber in der Glocknerscharte, die etwas windgeschützt ist, bleibt er meistens hängen.

Im Winter kommt man in der Regel nicht oft in ähnliche Höhen, womit auch die Höhe stärker spürbar sein könnte. Durch diese extremen Bedingungen könnte man von der Adlersruhe zum Gipfel und zurück auch länger brauchen als ursprünglich geplant. Dann bleibt nur die Möglichkeit, die Nacht im Winterraum der Adlersruhe zu verbringen. Optimal wäre natürlich, den Aufstieg ohne Seil zu bewältigen. Traut man sich das nicht zu, ist die Überlegung, einen Bergführer zu engagieren, nicht von der Hand zu weisen. Auf jeden Fall sollte man sich bei dieser Tour die herrschenden Verhältnisse vorher ansehen und auch seine körperliche Fitneß beurteilen können.

BEWERTUNG:

Aufstieg: –S+, Abfahrt (von unterhalb der Adlersruhe): –M, mit Leitl: –S+

HÖHENUNTERSCHIED:

Aufstieg und Abfahrt: 1880 Höhenmeter

JAHRESZEIT:

Dezember bis Mai

KARTE:

AV-Nr. 40, Großglocknergruppe

Großglockner 3798 m

ANREISE:

Iseltal – Huben – Kals – Burg – Lucknerhaus

AUSGANGSORT:

Lucknerhaus Parkplatz, 1984 m

AUFSTIEG:

Vom Lucknerhaus entlang der Fahrstraße zur Lucknerhütte, 2217 m, weiter den Bach entlang. Den Steilhang auf der orographisch rechten Seite aufwärts. Bei 2600 m den Bach wieder überqueren und den langen Hang hinauf auf den Gletscher. Am Gletscher dem Luisengrat entlang. Nach dem flachen Boden rechts aufwärts zu den Felsen unter der Adlersruhe. Je nach Verhältnissen können die Schi schon bei den ersten Felsen bleiben oder sonst unter der Adlersruhe. Der Aufstieg über die Flanke zum Glocknerleitl direkt ist nicht ratsam. Freilich kann es auch sein, daß gute Bedingungen herrschen und vom „Leitl" direkt heruntergefahren werden kann. Trotzdem kann über die Adlersruhe gegangen werden.

ABFAHRT:

entlang des Aufstieges

Abfahrt am Ködnitzkees

Aufstieg über die Glocknerscharte, im Hintergrund der Kleinglockner

12

Glocknerumrundung

in 2 bis 3 Tagen

Im ewigen Eis

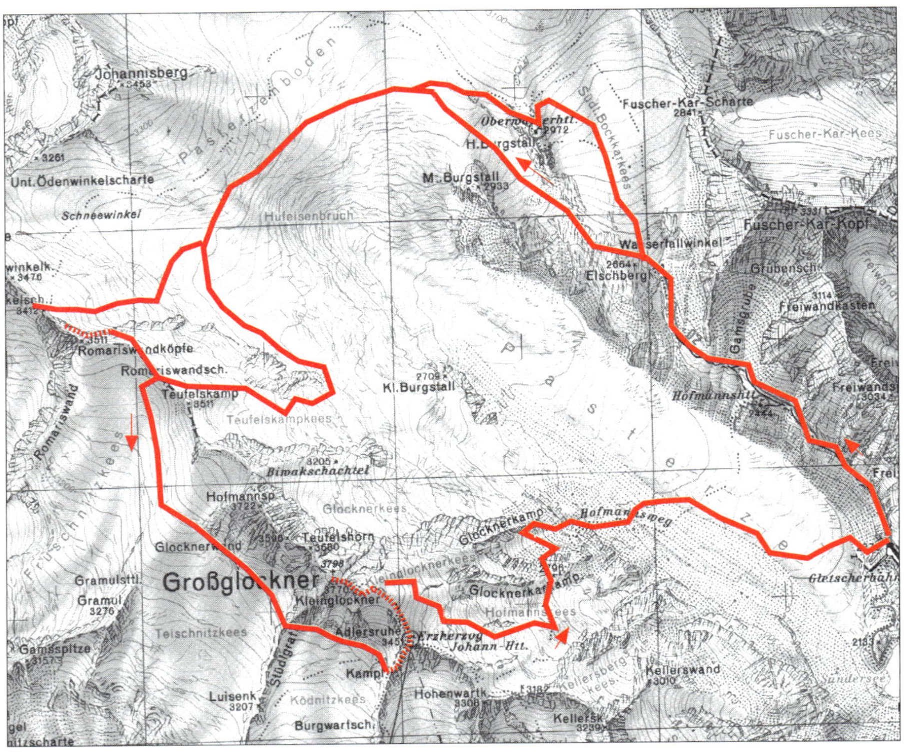

Diese Tour ist wohl eine der großen in unserer Auswahl, wobei groß sowohl für die Dauer als auch den Aufwand für die „Glocknerumrundung" steht: Viele Tourengeher wollen einmal auf dem höchsten Berg Österreichs stehen, doch bedeuten auch Grate, Gletscher, Gletscherbrüche, Spalten und hohe Übergänge Faszination.

Für mich, der ich schon so oft den Glockner bestiegen habe, bieten vor allem die Aufstiege in diesem Gebiet immer wieder neue, faszinierende Perspektiven. Angeseilt zwischen den Gletscherbruchzonen, oder auf einem Grat oben Rast machen und die eigene Spur zwischen den Brüchen bzw. andere Bergsteiger beobachten, sich mit den Schwierigkeiten dieser Landschaft im „ewigen Eis" auseinanderzusetzen, das sind für mich die Hauptmotivationsgründe für das Hinaufgehen.

Natürlich kommt die Idealvorstellung von einer schönen Abfahrt hinzu, doch optimale Schneeverhältnisse, wie sie der Tourengeher wünscht, sind im Glocknergebiet eher selten. Freilich ist das abhängig von der Tourenplanung: Im Frühjahr sollte man beim Hellwerden von der Oberwalder Hütte weggehen: 6 Stunden darf man brauchen, um das Hofmannskees im „Optimalzustand" befahren zu können. Wer weiß heute noch, daß es auf diesem Gletscher bis 1958

Glocknerumrundung in 2 bis 3 Tagen

Schirennen gegeben hat. Zweimal pro Tag schafften die Rennläufer damals den Aufstieg, und dabei präparierten sie auch noch die Strecke, bewundernswert bei 1250 Höhenmetern. Gegenwärtig gibt es keine Rennen mehr, dafür leider die Erscheinung des alpinen Stauerlebnisses im Glocknergebiet, zu beobachten vor allem im Sommer an schönen Tagen am Klein- und Großglockner. Die Glocknerumrundung, und ich spreche aus Erfahrung, sollen allerdings nur gut trainierte und in kleinen Seilschaften erfahrene Tourengeher angehen – gut vorbereitet, gesund und fit, von Mitte Mai (Räumung der Glocknerstraße) bis Ende Juni kann die Umrundung gemacht werden. Aber wie lange noch: durch das Zurückschmelzen der Gletscher wird diese Tour von Jahr zu Jahr schwieriger.

BEWERTUNG:

Aufstieg und Abfahrt –S+. Nach eigenem Ermessen und je nach Verhältnissen sind die Gletscher mit Seil zu begehen!

HÖHENUNTERSCHIED:

1. Tag – Aufstieg:	650 Höhenmeter
2. Tag – Aufstieg:	780 Höhenmeter
Abfahrt:	1300 Höhenmeter

ZEIT:

Franz-Josefs–Höhe–Oberwalderhütte: ca. 2 bis 2,5 Stunden
Oberwalderhütte–Adlersruhe: ca. 6 Stunden
Adlersruhe – Glockner–Adlersruhe: ca. 3 Stunden
Adlersruhe – Franz-Josefs-Höhe: ca. 2,5 Stunden

JAHRESZEIT:

Mitte Mai bis Ende Juni

KARTE:

AV-Nr. 40, Großglocknergruppe

Aufstieg zur Romariswand, im Hintergrund der Schneewinkelkopf

ANREISE:

Glockner-Hochalpenstraße (ab ca. Anfang Mai offen) – Franz-Josefs-Höhe

AUSGANGSORT:

Parkhaus Franz-Josefs-Höhe, 2320 m. Am hinteren Ende des Hauses durch das Eisentor.

AUFSTIEG:

1. Tag: Den Gamsgrubenweg entlang, wo stellenweise sehr hart gefrorener, steiler Lawinenschnee zu queren ist. Ab der Hofmannshütte ist es ein eher einfacher Aufstieg zur Oberwalder Hütte, 2970 m, die bewirtschaftet ist.

2. Tag: Von der Oberwalder Hütte sehr flach zum Oberen Pasterzenboden. Der normale Aufstieg verläuft über das Teufelskampkees zum Romariswandsattel, 3426 m. Eine etwas schwierigere Möglichkeit stellt der Weg zum Schneewinkelsattel und über den Felsgrat zum Romariswandkopf dar. Eine Stelle weist den 3. Klettergrad auf. Insgesamt sicher schwerer als der Normalweg auf den Großglockner, zudem ist das Sichern nicht ganz einfach. Vom Romariswandsattel mittels einer langen Querfahrt zum Stüdlgrateinstieg. Dort vom flachen Grat die Rinne hinunter und weiterqueren bis endgültig der südseitige Aufstieg zur Adlersruhe über die Felsen kommt. Bleibt man auf der Adlersruhe im Winterraum, kann am Nachmittag noch der Großglockner, 3798 m, erstiegen werden (oder am nächsten Tag in der Früh). Nachher fährt man zur Pasterze ab. Sollte der Gipfel nicht auf dem Programm sein, sollte man ohne viel Zeit zu vergeuden gleich abfahren, aber mit Anseilgürtel, denn im unteren Teil vom Hofmannskees lauern einige große Spalten. Von ca. 3200 bis 2800 m sollte man am Seil abfahren! Nach dem Gletscher am Frühstücksplatz beginnt die Querung ins Äußere Glocknerkar, sodann in dieser markanten Rinne hinunter auf die Pasterze. Die gesamte Abfahrt kann von der Franz-Josefs-Höhe aus am Vortag studiert werden.

Brennkogel

3018 m

Ein Dreitausender im Sonderangebot

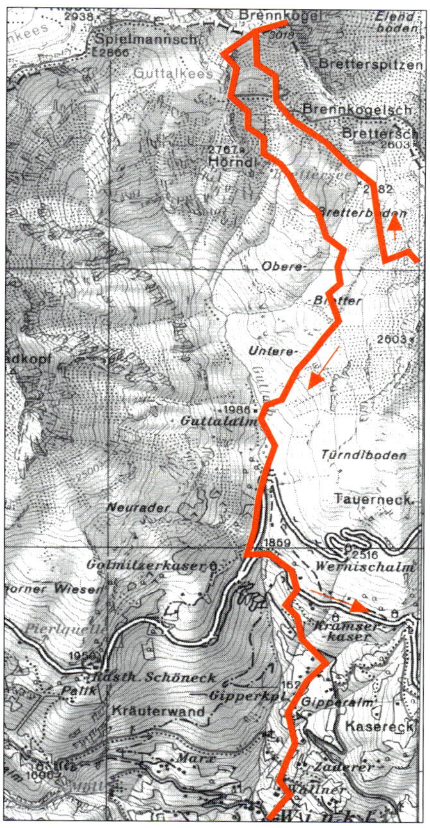

Ein günstiges Angebot für jene, die einen Dreitausender besteigen und dafür keinen allzugroßen Aufwand betreiben wollen: Die Anforderungen sowohl für den Aufstieg als auch die Abfahrt sind nur leicht bis mittelschwer. Freilich gilt dieser Hinweis für die Abfahrt nur in firnigem Zustand. Da diese Gegend windanfällig ist, sollte die Tour bei Neuschnee und langanhaltenden Minusgraden nicht unbedingt gemacht werden.

BEWERTUNG:

Normale Strecke: L–M, über den Großen Margarätzenkopf: –M

HÖHENUNTERSCHIED:

Aufstieg:	780 Höhenmeter
Abfahrt:	1320 Höhenmeter
bis Winkl:	1738 Höhenmeter

ZEIT:

Aufstieg normal: 3,5 Stunden
Abfahrt: 1,5 Stunden
über Großen
Margarätzenkopf: zus. 1 Stunde

JAHRESZEIT:

Dezember bis Ostern und ab Öffnung der Glocknerstraße Anfang Mai bis Juni

KARTE:

AV-Nr. 40, Glocknergruppe

ANREISE:

Mölltal – Heiligenblut – Ortsplatz – Umlaufbahn – 2 Teilstrecken zum Schareck, 2593 m, oder ab Mitte Mai Auffahrt Glocknerstraße

AUSGANGSORT:

Schareck-Bergstation, wo noch die Abfahrt nach Westen zum Lift unterm Wallackhaus erfolgt. Mit dem Lift auf 2400 m, und die Felle montieren. Ab Mai vom Hochtor oder Guttal.

AUFSTIEG:

In leichten Mulden hinauf auf die Scharte, 2607 m, südlich vom Kleinen Margarätzenkopf, 2690 m. Dort ist die Abfahrt in der schmalen Rinne und hinein in Richtung Brettersee, ca. 2440 m. Die Felle wieder aufkleben und die weite, nach Süden gerichtete Mulde, hinauf auf den Sattel links vom Gipfel, 2843 m. Zum Gipfel hin wird es immer steiler und schmäler, Vorsicht bei hartem Schnee. Es ist auch möglich, die zweite Liftfahrt zu streichen, und trotzdem wird noch die Abfahrt bis 2420 m verfolgt, dann sind die Punkte – In den Wänden – Roßköpfl – Tauernkopf – Hochtor – Großer Margarätzenkopf, 2735 m – Bretterkopf anzuvisieren und schräg hinein oberhalb vom Brettersee.

ABFAHRT:

Entlang vom Aufstieg und hinunter ins Guttal, 1900 m, auf die Glocknerstraße und ihr entlang bis zur Mittelstation der Umlaufbahn. Dort auf die Piste nach Heiligenblut oder hinunter nach Winkl, 1280 m.

Das Schigebiet Heiligenblut, der Brennkogel ist rechts oben sichtbar

14 GLOCKNERGRUPPE

Johannisberg

3453 m

Zurückversetzt in die Eiszeit!

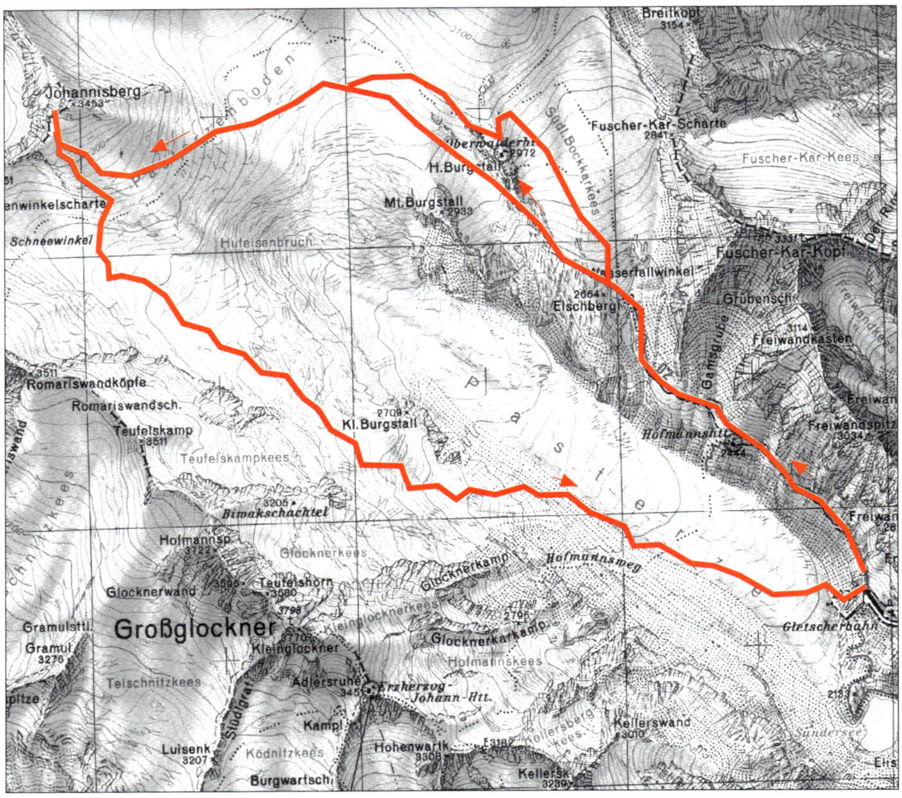

BEWERTUNG:

Aufstieg: –S, Abfahrt: –M

HÖHENUNTERSCHIED:

Aufstieg:	1300 Höhenmeter
Abfahrt:	1300 Höhenmeter

ZEIT:

Aufstieg zur Oberwalderhütte:	2,5 Stunden
Johannisberg:	ca. 3 Stunden
Abfahrt:	ca. 1,5 Stunden

JAHRESZEIT:

Mitte Mai bis Ende Juni

KARTE:

AV-Nr. 40, Glocknergruppe

Der Johannisberg: eine Pyramide aus Eis, wo auch der sich über 7 Kilometer erstreckende Pasterzengletscher beginnt.
Das sich ändernde Klima hat im übrigen bewirkt, daß sich die Pasterze seit 1856 um mehr als einen Kilometer verkürzt und in der Höhe über 200 m abgenommen hat. Die Spaltengefahren für den Schitourengeher haben sich allerdings nicht verringert!

ANREISE:

Großglockner-Hochalpenstraße, die ab ca. Mitte Mai offen ist.

AUSGANGSORT:

Franz-Josefs-Höhe, 2360 m, Parkgarage, Eisengeländer und Eisentor.

AUFSTIEG:

Den Gamsgrubenweg entlang, der teilweise mit hartem Lawinenschnee gefüllt und von der Nacht gefroren ist. Einzelne Schritte können heikel sein (Pickel oder Steigeisen). Diesen Weg entlang bis zum Wasserfallwinkelkees. Entweder über die Oberwalderhütte oder unterhalb vorbei gelangt man auf den Oberen Pasterzenboden. Dort, vom Gletscherbruch zurück, lauern große Spaltenzonen, an deren Rand man teilweise entlang geht (Spaltensturzgefahr!). Auch am Aufstieg zum Johannisberg ist es ratsam, angeseilt zu gehen!

ABFAHRT:

Nach Südosten in den großen Gletscherboden. Dort unterhalb nicht zu nahe an die Eisbrüche, aber auch nicht zu weit links, am besten der Mulde entlang. Unten auf der Pasterze über die Moräne queren, dann diese entlang zum Gletscherende. Je nach Wahl zu Fuß oder mit dem Schrägaufzug zum Parkhaus hinauf.

Oben: Anseilen vor der Oberwalderhütte
Unten: Die Pasterze in ihrer vollen Ausdehnung, oberhalb sichtbar der „Gamsgrubenweg"
(noch verschneit) zur Oberwalderhüttee, am linken oberen Rand der Johannisberg

Sonnblickgruppe

Roßschartenkopf

(oder Pferdeschartenkopf) 2664 m

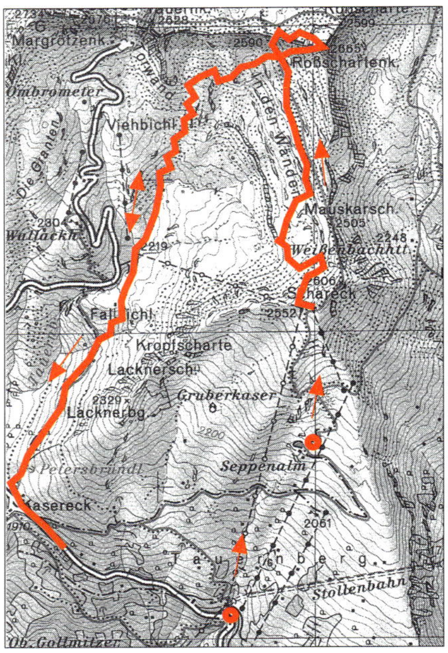

BEWERTUNG:

Aufstieg und Abfahrt: –L
Abfahrt zur Mittelstation: –M
Abfahrt nach Winkel: –S

HÖHENUNTERSCHIED:

Aufstieg:	240 Höhenmeter
Abfahrt:	920 Höhenmeter

ZEIT:

Aufstieg
und Abfahrt: ca. 3 Stunden

JAHRESZEIT:

Dezember bis Juni

KARTE:

AV-Nr. 42, Sonnblickgruppe

Zum Anfangen!

Der Name dieses Tourenziels leitet sich vom Umstand ab, daß zu früheren Zeiten hier eine Transport- und Handlsroute verlief. Auch den Winter über wurde mit Pferden „gesäumt", und es war ein richtiggehendes „Sherpaland", denn die Einheimischen unternahmen die Transporte der Handelsware, nach Norden Gewürze, Seide und Wein, nach Süden war es hauptsächlich Salz von den Lagerstätten im salzburgischen und bayrischen Raum. Die Lasten waren genormt, pro Mann waren 80 kg, pro Pferd 140 kg erlaubt.
Und heute? Heute erreicht man in wenigen Minuten, von Heiligenblut aus, in geputzten, geschmierten und geschützten Kabinen fast die Höhe des Roßschartenkopfs. Sind Sie ein Schitourengeher mit eher „bescheidenen" Ansprüchen und herrscht allgemein Schneemangel, so kann man dieses Gebiet nur empfehlen. Pfeift allerdings der Tauernwind, kann man glatt von Windböen umgeblasen werden, wie es mir schon passiert ist.

ANREISE:

Mölltal – Heiligenblut – Auffahrt mit der Schareck-Kabinenbahn, ab Mitte Mai Glocknerstraße

AUSGANGSORT:

Bergstation Schareck, 2593 m, und ab Mitte Mai Nähe Wallackhaus

AUFSTIEG:

Er beginnt mit einer Abfahrt in Richtung Wallackhaus auf 2420 m Höhe. Gleich am Beginn wartet ein kurzer, steilerer Hang, eine Spitzkehre ist mindestens notwendig. Aber dann geht's gemütlich flach, der Rücken kann zum „Gipfelchen" hart und windgepreßt sein. Die letzten Meter sollen die Schi besser getragen werden.

ABFAHRT:

Auf dem harten Schnee den Rücken entlang, dann rechts die Mulde durchqueren und vor der Torwand die Mulde hinunter auf die Schipiste. Unterhalb der Piste die Tourenabfahrt bis zur Mittelstation oder bis nach Winkel, 1280 m.

Abbildungen rechts: Abfahrt auf einer steileren Variante (oben); im Vordergrund (Mitte) der Roßschartenkopf mit Schigebiet Heiligenblut; links oben Fuscherkarkopf, Mittlerer und Großer Bärenkopf, Hoher Dock

Roßschartenkopf

(oder Pferdeschartenkopf) 2664 m

Zum Anfangen!

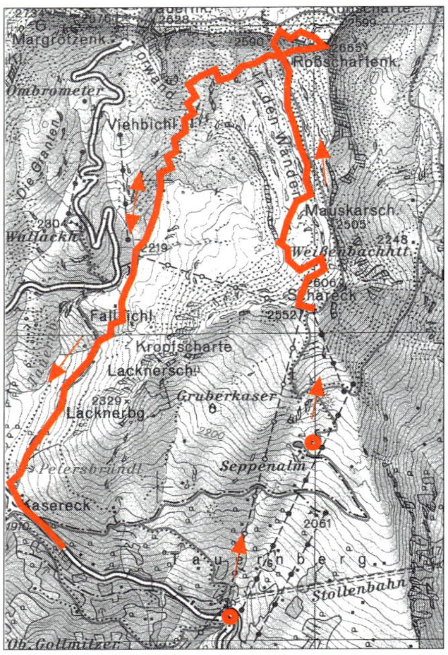

BEWERTUNG:

Aufstieg und Abfahrt: –L
Abfahrt zur Mittelstation: –M
Abfahrt nach Winkel: –S

HÖHENUNTERSCHIED:

Aufstieg: 240 Höhenmeter
Abfahrt: 920 Höhenmeter

ZEIT:

Aufstieg und Abfahrt: ca. 3 Stunden

JAHRESZEIT:

Dezember bis Juni

KARTE:

AV-Nr. 42, Sonnblickgruppe

Der Name dieses Tourenziels leitet sich vom Umstand ab, daß zu früheren Zeiten hier eine Transport- und Handlsroute verlief. Auch den Winter über wurde mit Pferden „gesäumt", und es war ein richtiggehendes „Sherpaland", denn die Einheimischen unternahmen die Transporte der Handelsware, nach Norden Gewürze, Seide und Wein, nach Süden war es hauptsächlich Salz von den Lagerstätten im salzburgischen und bayrischen Raum. Die Lasten waren genormt, pro Mann waren 80 kg, pro Pferd 140 kg erlaubt.
Und heute? Heute erreicht man in wenigen Minuten, von Heiligenblut aus, in geputzten, geschmierten und geschützten Kabinen fast die Höhe des Roßschartenkopfs. Sind Sie ein Schitourengeher mit eher „bescheidenen" Ansprüchen und herrscht allgemein Schneemangel, so kann man dieses Gebiet nur empfehlen. Pfeift allerdings der Tauernwind, kann man glatt von Windböen umgeblasen werden, wie es mir schon passiert ist.

ANREISE:

Mölltal – Heiligenblut – Auffahrt mit der Schareck-Kabinenbahn, ab Mitte Mai Glocknerstraße

AUSGANGSORT:

Bergstation Schareck, 2593 m, und ab Mitte Mai Nähe Wallackhaus

AUFSTIEG:

Er beginnt mit einer Abfahrt in Richtung Wallackhaus auf 2420 m Höhe. Gleich am Beginn wartet ein kurzer, steilerer Hang, eine Spitzkehre ist mindestens notwendig. Aber dann geht's gemütlich flach, der Rücken kann zum „Gipfelchen" hart und windgepreßt sein. Die letzten Meter sollen die Schi besser getragen werden.

ABFAHRT:

Auf dem harten Schnee den Rücken entlang, dann rechts die Mulde durchqueren und vor der Torwand die Mulde hinunter auf die Schipiste. Unterhalb der Piste die Tourenabfahrt bis zur Mittelstation oder bis nach Winkel, 1280 m.

Abbildungen rechts: Abfahrt auf einer steileren Variante (oben); im Vordergrund (Mitte) der Roßschartenkopf mit Schigebiet Heiligenblut; links oben Fuscherkarkopf, Mittlerer und Großer Bärenkopf, Hoher Dock

Sandkopf

3090 m (Oberes Wetterkreuz, 2760 m)

Dem Wind ausgesetzt!

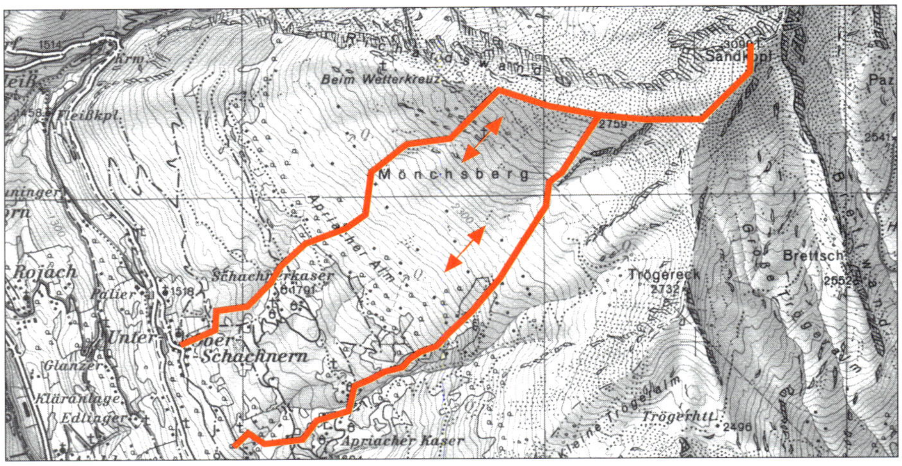

Der Sandkopf ist ein Berg mit ganz eigenen Gegebenheiten: Er ist sehr stark dem Tauernwind ausgesetzt, und herrscht eine Nordstau-Wetterlage vor, so entfaltet sich in den Bergen eine sogenannte Düsenwirkung. Luft wird von Norden an die Alpen gepreßt und gehoben, sie kommt über die tiefer gelegenen Scharten primär zur Wirkung. Bei einer solchen Wetterlage wird vom Sandkopf sehr viel Schnee verblasen, manchmal ist er fast schneefrei. Allerdings gibt es auf dem gepreßten verbleibenden Restschnee oftmals gute Hartschnee- oder Firnverhältnisse – also bitte sich von der nackten Bergspitze nicht abschrecken lassen!

BEWERTUNG:

Aufstieg und Abfahrt: –M

HÖHENUNTERSCHIED:

Bis zum Wetterkreuz:	1210 m
Bis zum Sandkopf:	1540 m

ZEIT:

Wetterkreuz:	4 bis 5 Stunden
Sandkopf:	zusätzlich 1 Stunde

JAHRESZEIT:

Jänner bis April

KARTE:

AV-Nr. 42, Sonnblick

ANREISE:

Mölltal – Heiligenblut – Glocknerstraße – bei der ersten Kehre rechts abbiegen in Richtung Apriach – Abzweigung links bei einer Kapelle nach Schachnern, 1550 m

AUSGANGSORT:

Schachnern, Parken bei einigen Bauernhäusern, wo die Straßen links und rechts abzweigen.

AUFSTIEG:

Direkt hinter dem ersten Haus in der Mulde hinauf zum Lärchenwald und zu den schönen, gut gepflegten Schachner Almhütten, 1800 m. Eher rechts aufwärts zur Baumgrenze, wo dann die weiten, unübersichtlichen 800 Höhenmeter zum Wetterkreuz kommen. Aufpassen: Der Gipfelaufbau vom Sandkopf ist in den letzten Jahren auf Grund von Schneeverfrachtungen nicht oft zu befahren gewesen.

ABFAHRT:

am besten entlang des Aufstiegs

Astental–Kluidhöhe *2579 m*
Stellkopf *2851 m*

Ein „gemütliches“ Tourengebiet

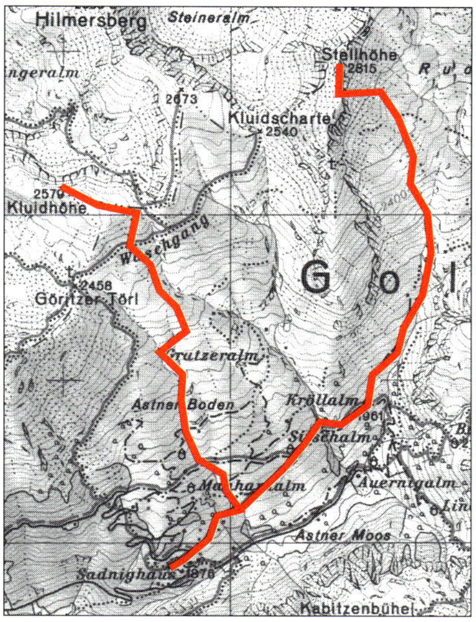

BEWERTUNG:
insgesamt L

HÖHENUNTERSCHIED:
730 Höhenmeter

ZEIT:
Aufstieg und Abfahrt: ca. 3 Stunden

JAHRESZEIT:
Dezember bis April

KARTE:
AV-Nr. 42, Sonnblick

ANREISE:
Mölltal – Winklern – Mörtschach, Abzweigung Astental – Asten – Sadnighaus, 1850 m; ein Tip: die Schneeketten sollten dabeisein!

AUSGANGSORT:
Ist das Sadnighaus, ein Standort für einfache Schitouren.

AUFSTIEG:
1. Tour – Kluidhöhe: Vom Sadnighaus hinauf zur Heuhütte und weiter zurück zu den letzten Bäumen. Dann links aufwärts über Rücken und Mulden.

2. Tour – Stellkopf: Diese Tour beginnt gleich wie die 1. Tour, man geht an der Heuhütte vorbei, folgt aber dann dem Weg bis zum Ende bei der Greil-Alm. Nun sind es 350 Höhenmeter, bis wieder ein flacheres Gelände erreicht wird. Es folgt ein gemütlicher Anstieg über das Butzentörl auf den Gipfel, 2851 m. Die letzten Meter zum Gipfel sind allerdings ziemlich ausgesetzt. Eventuell schon weiter unten ein Schidepot errichten. Die Aussicht vom Gipfel entschädigt für diese Schwierigkeit.

ABFAHRT:
entlang des Aufstiegs

Ein enger, steiler und tiefer Graben ist das Astental, und trotzdem arbeiten hier Bauern. Hierher kommen jene Geschichten, daß die Saatkartoffeln in den Acker hineingebunden werden müssen, weil es so steil ist, auch daß im Winter die Einheimischen lange eingeschlossen waren, so daß die Verstorbenen im Keller aufbewahrt werden mußten, bis eben der Weg hinunter nach Mörtschach ausgeapert war. Nicht alle Häuser sind auf einem Fahrweg erreichbar, in einem Fall geht sogar ein Fußweg mitten durch ein Haus durch. Der Schitourengeher fährt an den Häusern vorbei zum Sadnighaus, 1870 m, wo gemütliche Touren beginnen. Dieses Haus hat den ganzen Winter offen und ist einer von den wenigen Ganzwinter-Schitouren-Standorten in diesem Buch.

Geburtstagsfeier am Gipfel

Hochgrubenkopf

2664 m

Steile Anfahrt!

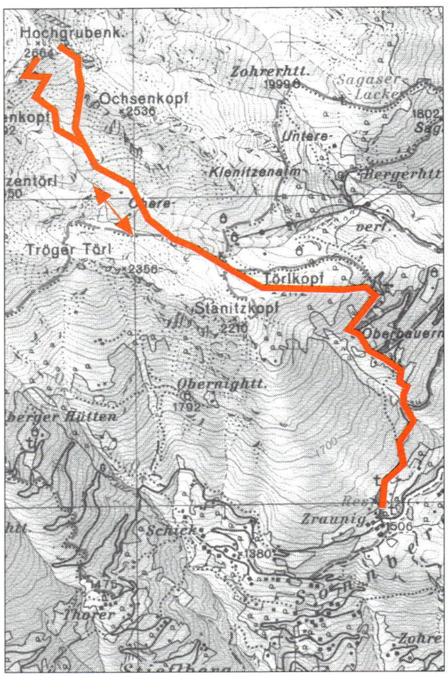

Man ahnt es nicht, sich unten im Mölltal befindend, wie viele Bergbauern oben auf diesem Sonnberg angesiedelt sind. Liebt man schmale, zum Teil vereiste Bergstraßen nicht, so ist es wohl besser, auf diese Tour zu verzichten.

BEWERTUNG:

Aufstieg und Abfahrt: –L, –M

HÖHENUNTERSCHIED:

1154 Höhenmeter

ZEIT:

Aufstieg: ca. 3 Stunden
Abfahrt: ca. 1 Stunde

JAHRESZEIT:

Dezember bis März

KARTE:

ÖK 180, Winklern

Das Ende der Auffahrt ist erst oben in 1500 m Höhe bei den zwei höchsten Bauern nach 700 Höhenmetern erreicht. Die Tour selbst ist nicht besonders anspruchsvoll, aber Orientierung und eine kurze Hangquerung fordern das bergsteigerische Gespür. Die Südostlage fördert im Spätwinter oftmals gute Firnverhältnisse, der windgeschützte Kessel kann dem Tourengeher im kalten Hochwinter auch Pulverschnee bescheren.

ANREISE:

Mölltal – Stall – Auffahrt in Richtung Sonnberg – Zraunig-Bauer in 1510 m Höhe.

AUSGANGSORT:

Am Parkplatz vor dem Schranken der Forst-, Alm-, Jäger- und Schitourengeherstraße, wo genug Platz vorhanden ist.

AUFSTIEG:

Der breiten Forststraße nach, bis links eine steile Rinne hinaufgeht. In ihr 200 Höhenmeter aufwärts und dann nach rechts zu einer einzelnen Heuhütte (aber nur bei Firn). Sonst die Forststraße entlang, aber auch auf Wiesen zur Oberen Klenitzenalm. Ab hier gibt es zwei Möglichkeiten. Einmal der schmalen Straße nach rechts folgen, wo hinter einem Eck dieser kurze, aber steile Hang zu queren ist. Wenn er abgeweht ist, gibt es keine Schwierigkeiten. Der einfachere, aber umständlichere Weg in dieses Tal führt nach den Hütten in der kleinen Mulde links hinauf, wo am flachen Rücken eine kurze Abfahrt ins Tal kommt. Nachher an den Almhütten vorbei, hinauf auf den kurzen SO-Rücken vom Hochgrubenkopf.

ABFAHRT:

wie Aufstieg

Hintere Feldseescharte

2710 m

Eine kurze Vormittagstour

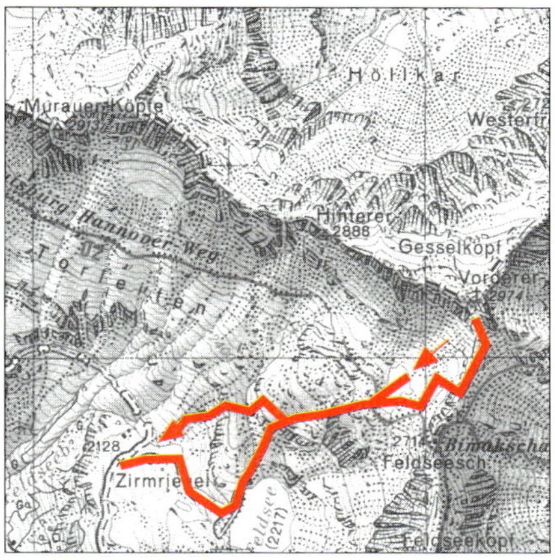

Es gibt viele Beweggründe für das Schitourengehen: Viele verfallen allerdings, wenn statt dem „Schneeweiß“ das „Kirschbaumweiß“ in den sonnseitigen Wiesen leuchtet. Ende April, nach zwei, drei schönen Tagen mit klaren, kalten Nächten, empfehle ich, sich doch nochmals die Tourenschier anzuschnallen. Dann gibt es nämlich Bedingungen, von denen ein jeder „Firn-Freak“ träumen kann. Freilich muß der richtige Zeitpunkt gewählt werden. Je nach Hangrichtung zwischen 10 und 12 Uhr abfahren wirkt. Damit auch der Tourengeher, der nicht unbedingt um 5 Uhr aus den Federn will, solche Verhältnisse genießen kann, sei diese kurze, südwestseitig gelegene Tour hier angeführt!

BEWERTUNG:

Aufstieg: –L, Abfahrt entlang vom Aufstieg: –L, Varianten: –S

HÖHENUNTERSCHIED:

670 Höhenmeter

ZEIT:

Aufstieg:	2 Stunden
Abfahrt:	45 Minuten

JAHRESZEIT:

März bis Mai

KARTE:

AV-Nr. 42, Sonnblickgruppe

ANREISE:

Mölltal – Außerfragant, Abzweigung Mölltaler Gletscherbahn – Auffahrt über die Straße bis 2110 m.
Bitte vorher informieren, ob Sie geöffnet ist!

AUSGANGSORT:

In einer langgezogenen Rechtskurve vor den Lawinengalerien. Parkmöglichkeit findet man längs der Gegenfahrbahn, an der Außenseite.

AUFSTIEG:

Von der Straße flach in die große Mulde zur Staumauer. Dann links den Rücken aufwärts unter der Felsstufe vorbei und über gestuftes Gelände zum See. Oberhalb eher links auf die Scharte und am Grat zu den ersten Felsen vom Vorderen Gesselkopf.

ABFAHRT:

Entlang des Aufstiegs oder steilere Varianten vom oberen See direkt zum Stausee und von der normalen Route direkt hinunter zur Straße.

Auf der Scharte Richtung Vorderer Gesselkopf

Hochalmgruppe

Säuleck

3086 m

Für Firn-Freaks

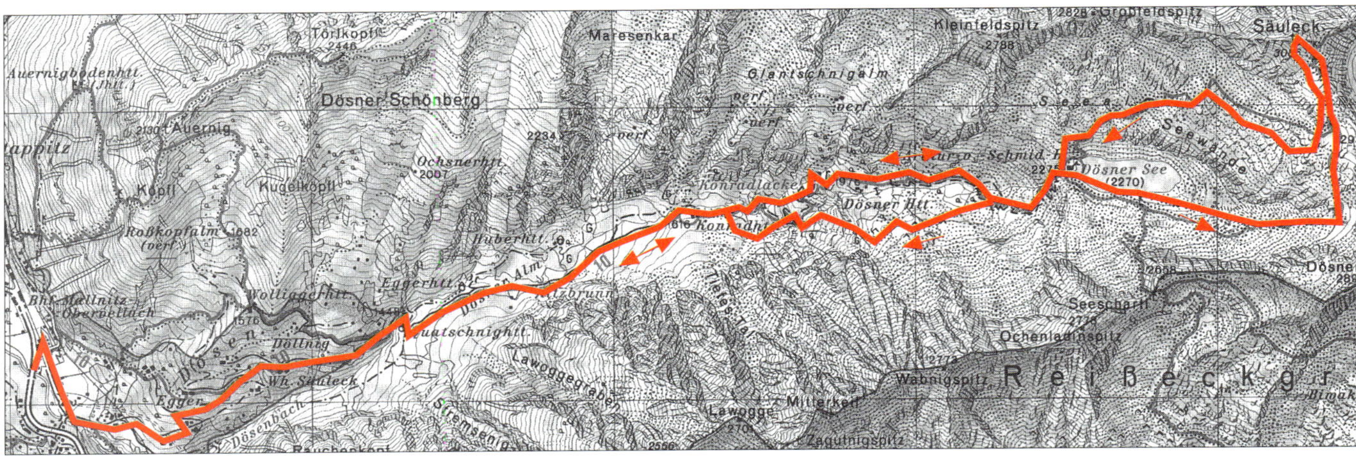

Eine Tour für Firn-Freaks: Die Himmelsrichtung des Talverlaufs verspricht ein späteres Auffirnen als die Süd- oder Ostseite. Bis knapp vor dem Parkplatz liegt Schnee auf der Forststraße im Wald.
Der Aufstieg ist einfach, da es keine langen, steilen Flanken gibt und auch keine harten, knolligen Lawinenkegel zu queren oder abzufahren sind.
Insgesamt eine lange, einfache Firntour.

BEWERTUNG:

Aufstieg bis unter den Gipfelhang: –L, –M, Gipfelhang – Aufstieg und Abfahrt: –S, Abfahrt entlang des Aufstiegs: –M, mit Varianten: –S

HÖHENUNTERSCHIED:

Aufstieg
und Abfahrt: 1650 Höhenmeter

ZEIT:

Aufstieg: ca. 4 Stunden
Abfahrt: ca. 1,5 Stunden

JAHRESZEIT:

März bis Mai

KARTE:

AV-Nr. 44,
Hochalm – Ankogelgruppe

ANREISE:

Von Norden mit der Bahnverladung durch den Tauerntunnel – von Süden: Mölltal – Obervellach – Mallnitz – Dösen, dem Schild „A.v.-Schmid-Haus" folgen

AUSGANGSORT:

Der Parkplatz im Dösner Tal. Auf der schneefreien Forststraße kann höchstens bis vor die Eiswand gefahren werden. Im Frühjahr passiert es öfter, daß große Eisbrocken die Straße dort verlegen.

AUFSTIEG:

Immer der Straße nach. Ab der Konradhütte bis zum Dösner See folgt man dem Wanderweg. Während des Aufstieges kann auf der anderen Seite des Baches schon eine Abfahrtsmöglichkeit erkundet werden. Allerdings muß rechtzeitig bei hartem Firn abgefahren werden, eine entsprechende Schitechnik ist notwendig! Nach dem Dösner See ist der weitere Aufstieg gut vorgegeben. Über mehrere kurze Aufschwünge erreicht man eine flache Stelle unter dem Gipfelhang. Dort entweder ein Schidepot einrichten oder – wenn Sie den relativ steilen Gipfelhang abfahren wollen – die Bretter hinauftragen.

ABFAHRT:

Entlang des Aufstiegs. Fahren Sie allerdings früh (ca. 10 Uhr) ab, so können Sie oberhalb der Seewände queren, um eine firnige Rinne zu erreichen. Auch die untere Steilstufe vermag man dann auf hartem Firn zu genießen!

Abbildungen rechts: Blick vom Säuleck Richtung Mölltal (oben); Das Säuleck präsentiert sich als markanter Gipfel im Hintergrund (von Dösen aus)

21 Hochalmspitze

3360 m

Weit, weit, weit

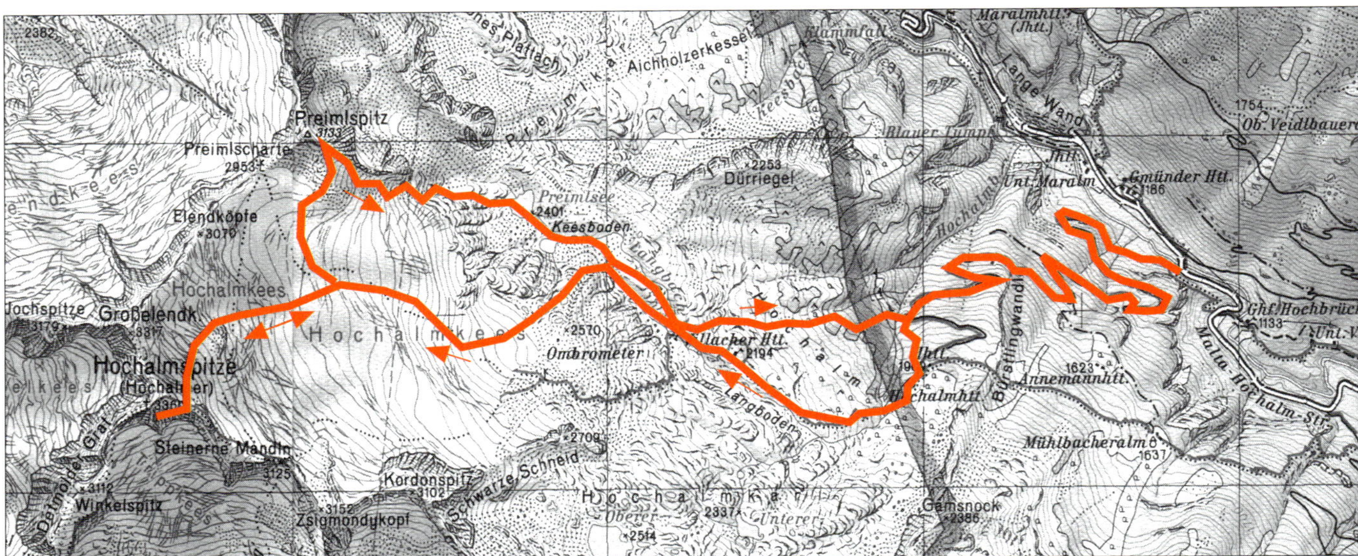

BEWERTUNG:

Aufstieg: –L, Abfahrt: –M

HÖHENUNTERSCHIED:

2170 Höhenmeter

ZEIT:

Aufstieg: ca. 6 Stunden
Abfahrt: ca. 1 bis 1,5 Stunden

JAHRESZEIT:

März bis Mai

KARTE:

AV-Nr. 44, Hochalmspitze – Ankogelgruppe

Man kann die Karte drehen und wenden wie man will, die Aufstiege auf die Hochalmspitze werden nirgends kürzer. Einzig der ostseitige Weg ist ein ungewöhnlich leichter Anstieg, aber die 2170 Höhenmeter lassen die Waden und Oberschenkel anschwellen.
Die Taktik für den Aufstieg muß – entsprechend der hochalpinen Dimension – dem Westalpenstil angeglichen werden. Start um 5 Uhr oder noch früher, richtige Einteilung von Ruhepausen sowie gezieltes Essen und Trinken sind besonders wichtig!
Aber es geht auch leichter und etwas aufwendiger: Möglich ist ein Zweitagesausflug mit einer Übernachtung in der Villacher Hütte, 2194 m. Dazu sind aber Koch- und Aufräumkenntnisse erforderlich, weil es eine Selbstversorgerhütte ist. Ich persönlich bevorzuge die Tagestour, mit einem nächtlichen Abmarsch kann man nämlich noch schneller sein als die Hüttenschläfer.

Hochalmspitze
3360 m

ANREISE:

Tauernautobahn, Abfahrt Gmünd – Maltatal bis zur Mautstelle, dort ist zwar ein deutliches Fahrverbot sichtbar, aber dann weiter hinten kommt eine frisch montierte 30-km/h-Tafel. Von der Maut fährt man noch 3,9 km bis zur Abzweigung vor der Brücke. Ab ca. 1. Mai ist die Mautstraße offiziell geöffnet.

AUSGANGSORT:

Eine schöne, breite Straße verläuft rechts über die Brücke, gleich kommt die Gmündnerhütte. Vor der Brücke links geht die beschrankte Schotterstraße weg, und den Parkplatz für Pkw findet man am Straßenrand, 1186 m.

AUFSTIEG:

Die Forststraße gibt bis zur Jagdhütte in 1911 m den Weg vor. Einfaches Gelände hat man an der Villacher Hütte vorbei bis zum großen Boden in 2400 m Höhe. Hinter der Moräne links hinauf auf die nächste Terrasse, wo man den Gletscher betritt. Auf der großen Hangterrasse nach rechts. Am Ende flach zurück zum Gipfelhang, von dem man rechts oder links zum Gipfel kommt. Die Spaltensturzgefahr ist im Frühjahr bei Firnschnee gering!

ABFAHRT:

Entlang der Aufstiegsspur bis hinter die Hütte. Danach links über Mulden und Hänge hinunter auf ca. 1850 m, wo der Wald beginnt. Ab hier rechts abfallend zur Wasserfassung an der Forststraße und an dieser entlang ins Tal.

Hochalmspitze mit Großelendkopf (oben); Preimlspitze mit Ostflanke

22

HOCHALMGRUPPE

Gmeineck

2592 m

„Wie neman den denn" diesen Berg

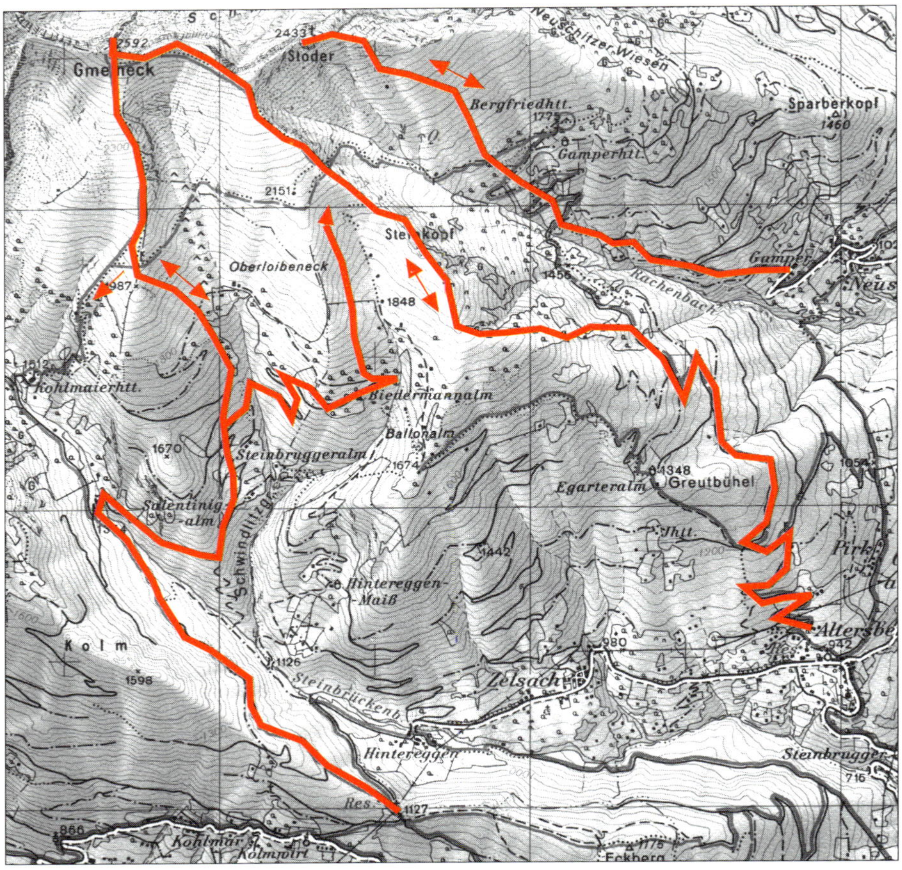

BEWERTUNG:

Aufstieg und Abfahrt: –M

HÖHENUNTERSCHIED:

1530 Höhenmeter

ZEIT:

Hier müssen nicht nur die Höhenmeter, sondern auch die Entfernung für den Zeitplan berechnet werden. Nimmt man die Tour als Leistungsmaß für die langen Touren in diesem Buch, so sollte der Aufstieg in 3 Stunden möglich sein, und die Abfahrt wäre gut in einer Stunde zu fahren.

Normale Zeit:
Aufstieg:
ca. 4 Stunden
Abfahrt:
ca. 2 Stunden

Es kommt nicht oft vor, daß ein Gipfel auf einer Seite 3 bis 4 getrennte Aufstiege aufzuweisen hat, wobei auch kein großer Unterschied in der Länge herrscht: Immer sind 1500 Höhenmeter und am Beginn eine Stunde auf dem Forstweg zu bewältigen. Die Qual der Wahl! „Gesellschaftstypen" gehen besser vom Hühnersberg und „Einsamkeitsfanatiker" vom Altersberg.

JAHRESZEIT:

Dezember bis April

KARTE:

ÖK-Nr. 182, Spittal an der Drau

ANREISE:

Von Norden: Tauernautobahn – Ausfahrt Gmünd – Trebesing – Altersbeg oder Hinteregger, von Süden: Tauernautobahn – Ausfahrt Mölltal – Lendorf, dann entweder Hühnersberg oder über Lieserhofen– Altersberg

AUSGANGSORT:

Für die übliche Route von Süden nach dem Kolmwirt bei der Sendeanlage, 1127 m, am Hühnersberg. Für die Südostroute – der höchste Bauer in Altersberg auf 1060 m.

AUFSTIEG:

Südostroute: Den Forstweg entlang, wobei große Aufmerksamkeit auf die Abzweigungen notwendig ist, um die richtige zu wählen (Karte griffbereit halten). Nach einer Stunde ist man an jener Lichtung angelangt, die weiter verfolgt wird. Ziemlich steil sind die ersten 450 Höhenmeter. Nachher den Rücken entlang ist es dafür flach und gut zum Weiterkommen. Das Kreuz am Steinkopf eignet sich als Ort für eine kurze Jause. Achtung: Bei Neuschnee könnte der letzte, flache Grat zum Gipfel nicht begehbar sein, bei Firn gibt es keine Probleme.

ABFAHRT:

Der Aufstiegsspur entlang

Am Gipfel des Gmeineck (oben); Das Gmeineck von Techendorf/ Millstätter See aus gesehen

Stubeck

2370 m

Mit Einkehrschwung

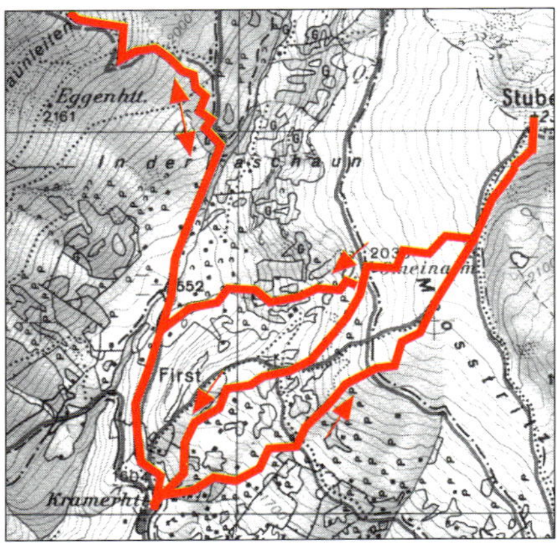

Vom Aussehen her könnte dieser Gipfel mit den Nockbergen verwandt sein, obwohl seine Rücken schon nicht mehr so breit sind; was aber den Vorteil hat, daß der verwehte Schnee gleich auf der windabgewandten Seite liegen bleibt und für die Abfahrt noch erreichbar ist.
Für den „bequemen" Tourengeher geeignet ist der Ausgangsort: Eine den ganzen Winter über offene Straße führt auf den Maltaberg, die kleinen Almhütten, die oben sonnseitig im lockeren Lärchenwald herumstehen, sind zu vermieten.
Für einige Tage kann man sich hier gemütlich einquartieren und einige Touren auswählen.

BEWERTUNG:

Aufstieg und Abfahrt: –L

HÖHENUNTERSCHIED:

760 Höhenmeter

ZEIT:

Aufstieg: ca. 2,5 Stunden
Abfahrt: ca. 30 Minuten

JAHRESZEIT:

Dezember bis April

Wer nach den Schitouren nicht mehr kochen will oder nicht kann, hat nicht weit zum Parkplatz, wo ein Gasthaus steht, das Hausmannskost empfiehlt.

KARTE:

ÖK-Nr. 182, Spittal

ANREISE:

Tauernautobahn – Ausfahrt Gmünd – Maltatal – Malta – Maltaberg

AUSGANGSORT:

Parkplatz am Straßenende oder beim Berggasthof in 1610 m

AUFSTIEG:

Zwischen Parkplatz und Gasthaus entlang des Zauns zu ein paar Hütten. Dort im lockeren Lärchenwald aufwärts. Oberhalb in den leichten Mulden und Rücken zum ersten Hügel und nachher den Zaun entlang.

ABFAHRT:

Entlang vom Aufstieg oder in der großen Mulde, wo man an der Gmeinalm vorbeikommt.

Am Gipfel des Stubeck

Im Vordergrund der Bartelmann, hinten rechts das Stubeck, ganz links das Reitereck

Nockberge

24

Bärenaunock *2292 m*
Hoher Pressing *2370 m*

Für kurze Hochwintertage!

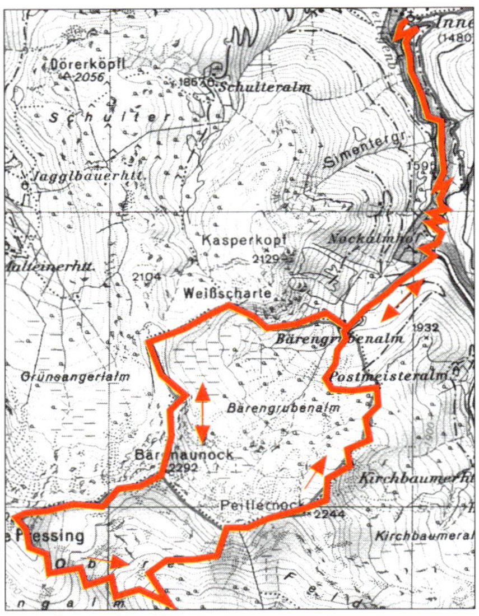

BEWERTUNG:

Aufstieg und Abfahrt: –L

HÖHENUNTERSCHIED:

insgesamt ca. 1100 Höhenmeter

ZEIT:

Aufstieg:	ca. 3,5 Stunden
Abfahrt:	1,5 Stunden

JAHRESZEIT:

November bis März

KARTE:

ÖK-Nr. 183, Radenthein

Abgerundete, breite Gipfelflächen, kurze, schmale Grate und breite Rücken: So könnte man in Kurzform viele Ziele auf den Nockbergen beschreiben, so ist es hier mit dem Bärenaunock. Es sind die idealen Ziele für die kurzen, kalten Hochwintertage; einzelne Touren kann man für eine längere Strecke auch kombinieren.

ANREISE:

Tauernautobahn – Abfahrt Gmünd – Kremsbrücke – Abzweigung Innerkrems

AUSGANGSORT:

Innerkrems, 1480 m, gleich am Ortsbeginn zweigt rechts die Nockalmstraße ab (Parkplatz).

AUFSTIEG:

Bis 200 m nach der Wirtalm, ca. 3 km die Nockalmstraße entlang. Beim Transformatorhaus rechts der Almstraße nach zur Bärengrubenalm, 1800 m. Hinter der Alm leicht rechts hinauf in freie Wiesen. Diesen entlang ziemlich flach zurück, bis die 3 Möglichkeiten sichtbar sind, auf den Rücken hinaufzukommen: Von der ersten Scharte (Weißscharte) kann auch der Kasperkopf noch mitgenommen werden. Der Aufstieg zum Bärenaunock, 2292 m, dauert ca. 2,5 Stunden. Zum westlich gelegenen Hohen Pressing, 2370 m, kommt man über den oft abgewehten Grat in 20 Minuten. Die Abfahrt in die Mulde ostseitig ca. 250 m und über den Namloser Kopf mit kurzer Abfahrt und Gegenanstieg zum Punkt, 2244 m.

ABFAHRT:

Vom Punkt, 2244 m, den NO-Hang hinunter zum flachen Teil. Dort, je nach Verhältnissen, zur Postmeisteralm. Im Sinne der Abfahrt ganz links halten auf die Almstraße. Oder nach NW mit einer Schrägfahrt auch auf eine Almstraße und ebenso dieser nach auf die Nockalmstraße und weiter nach Innerkrems.

Blick vom Hohen Pressing über den Grat Richtung Bärenaunock in die zentralen Nockberge

Kamplnock 2101 m
Rabenkofel 2059 m

Zwei Touren auf einen Streich!

Zwei kurze Schitouren, die sich wunderbar zu einer kombinieren lassen. Abwechslungsreiches Gelände, verschiedene Hangexpositionen: Zuerst geht man den sonnenexponierten Rabenkofel an (wenn man Glück hat, schwelgt man bei der Abfahrt schon in Firnfreuden), anschließend spannt man die Felle wieder auf und besteigt den Kamplnock.

AUSGANGSORT:

Am Beginn des Magnesitbergbaugeländes findet man den Parkplatz, Abzweigung Eisentratten, 1440 m.

AUFSTIEG:

Der Fahrstraße nach in Richtung Eisentratten bis auf den Näringsattel, 1666 m. Nun die Abzweigung rechts zurück zur Langanderlehütte. Dort eher rechts hinauf zum flachen Gratrücken und diesem folgend zum Gipfel, ca. 1 Stunde. Die Abfahrt folgt der Aufstiegslinie. Am Näringsattel, die zweite Straße links hinauf auf eine Flachstelle. Dort in einem Linksbogen der Fahrstraße nach zu einem Schild. Beim Zaunüberstieg darüber und eher links aufwärts. Anzustreben ist der breite Rücken östlich vom Gipfel.

ABFAHRT:

Vom Rabenkofel dem Aufstieg entlang. Und vom Kamplnock am Rücken zum Obermillstätter Almkreuz, dort die Mulde hinunter zum Forstweg und diesen zurück zum Ausgangsort.

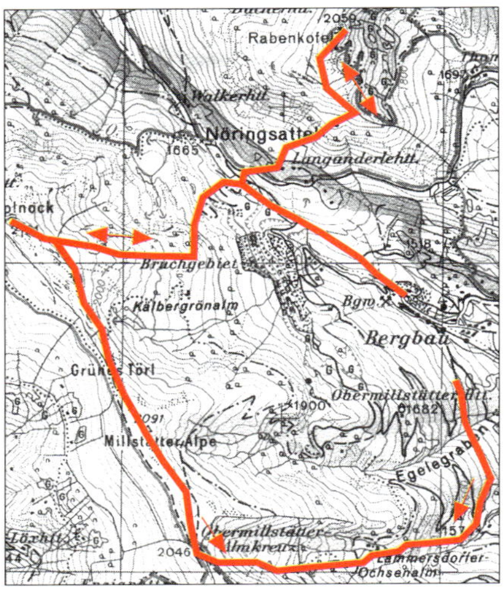

BEWERTUNG:

Aufstieg und Abfahrt: –L, –M

HÖHENUNTERSCHIED:

Aufstieg:	1050 Höhenmeter
Abfahrt:	1050 Höhenmeter

ZEIT:

ca. 4 bis 5 Stunden

KARTE:

ÖK-Nr. 183, Radenthein

ANREISE:

Von Westen: Tauernautobahn – Abfahrt Millstatt/Radenthein – Radenthein – Kaning – Magnesitbruch, von Osten: Autobahn Villach/Spittal–Abfahrt Feistritz–Döbriach–Radenthein – Kaning – Magnesitsteinbruch

Vom Schigebiet St. Oswald aus sieht man den Lammersdorfer Berg (links), die Millstätter Alpe und den Kamplnock

Kamplnock, gesehen von der Millstätter Alpe aus

26 Rosennock

2440 m

Sein Aussehen lockt!

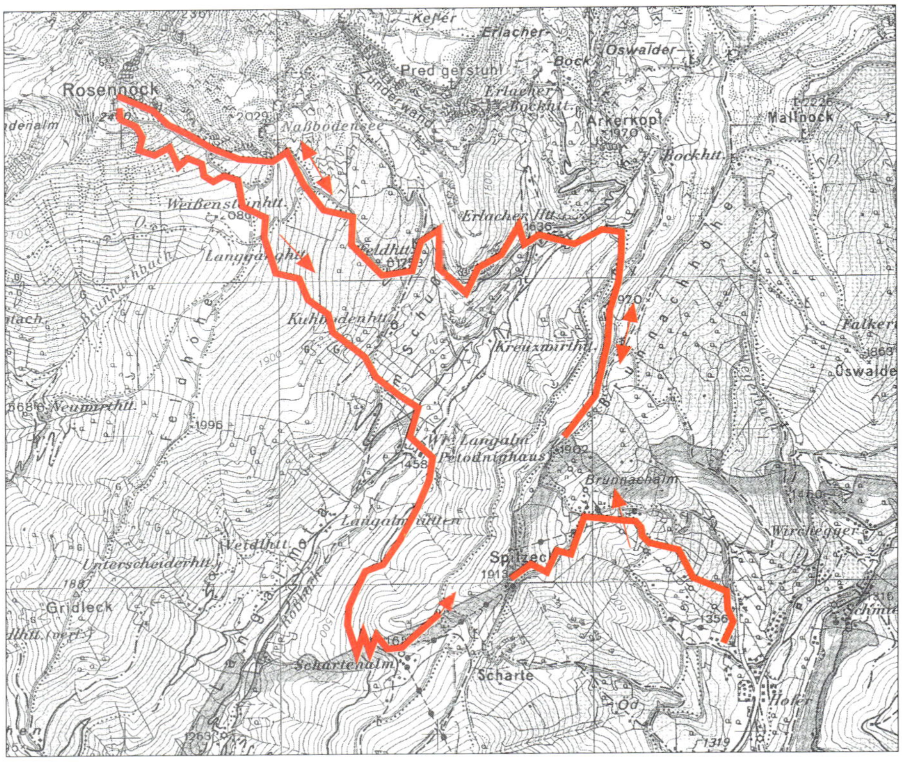

Der höchste Berg der Nockberge, er kann von allen Seiten mit Schiern erstiegen werden. Am häufigsten wird der Anstieg über die Feldhütte (von Südosten) gewählt, da kann man sich mit den Liften den ersten Teil hinaufschwindeln. Den Winter über kommt der Gipfel leicht in eine „apere Krise". Die Höhe und der Wind aus Norden bis Westen reimen sich mit Schnee nicht immer gut. Aber wenn's paßt, ist es allemal eine erstklassige Tour.

BEWERTUNG:

Aufstieg: –L bis M, Abfahrt: –M

HÖHENUNTERSCHIED:

Aufstieg total: ca. 1100 Höhenmeter
Abfahrt total: ca. 1500 Höhenmeter

ZEIT:

Aufstieg: ca. 3,5 Stunden
Abfahrt: ca. 2 Stunden

JAHRESZEIT:

Dezember bis Ostern

KARTE:

ÖK-Nr. 183, Radenthein

ANREISE:

Über Spittal – Feldkirchen oder die Turracher Höhe nach Bad Kleinkirchheim, St. Oswald

AUSGANGSORT:

Talstation hinter St. Oswald zur Brunnachalm

AUFSTIEG:

Zuerst mit dem Lift, dann flach zurück und in der Folge den Forstweg hinunter zur Erlacher Hütte. Nun leicht ansteigend auf dem Almweg zu den schönen Hängen oberhalb der Feldhütte. Weiter geht's auf dem Rücken zum Gipfel, der rechts in steile Felsen abbricht.

ABFAHRT:

Entlang des Aufstiegs oder hinunter zur Langalm, 1458 m. 200 Höhenmeter ansteigen auf dem Almweg zur Starteralm und mit Liften und über Schipisten zum Ausgangsort.

Linker Gipfel Rosennock, rechts davon Kleiner Rosennock

Kreuzeckgruppe

28 Striedenkopf

2749 m

Mit Einkehrmöglichkeit

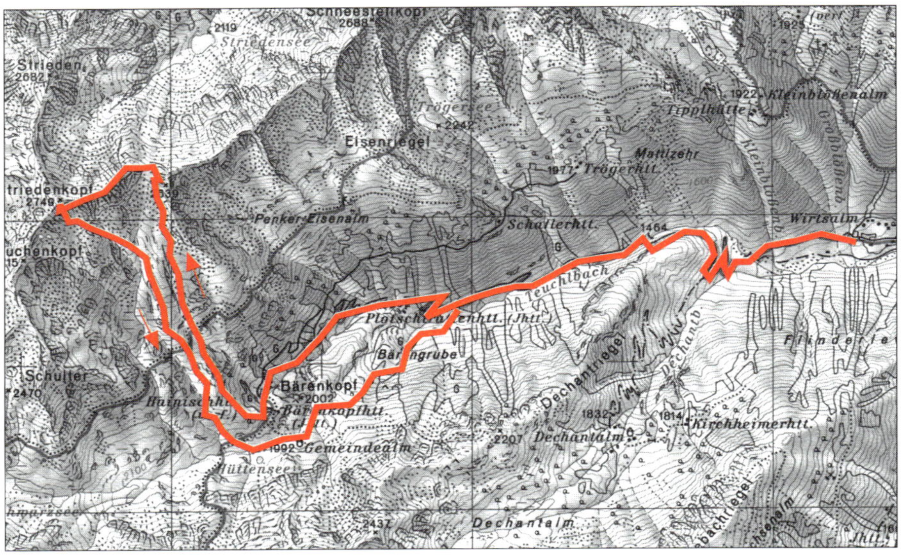

BEWERTUNG:

Aufstieg: –L, am Grat: –S,
Abfahrt: –S

HÖHENUNTERSCHIED:

Aufstieg und Abfahrt, je nach Ausaperung der Straße: ca. 1500 Höhenmeter

ZEIT:

Aufstieg: 3 bis 4 Stunden
Abfahrt: ca. 1,5 Stunden

JAHRESZEIT:

März bis April

KARTE:

ÖK-Nr. 181, Obervellach

Der Gasthof „Alpenheim“, das letzte Haus in einem tief eingeschnittenen Tal, bietet sich nicht nur als Ausgangspunkt für diese Tour, sondern auch als Einkehrmöglichkeit an. Die Leute hier müssen Jäger sein, man kann die Jagd fast „riechen“, was die Ausstattung der Gaststube bestätigt. Normal schauen Jäger und Bergsteiger nicht zusammen. Hier jedoch kommt dem Tourengeher entgegen, daß die gute Schitourenzeit erst im März beginnt, wenn Firn zu erwarten ist und die Jagdsaison noch nicht begonnen hat. Zudem bewegt sich der Tourengeher im Waldbereich ausschließlich auf dem Forstweg.

ANREISE:

Mölltal – Abzweigung zwischen Kolbnitz und Obervellach bei Kohlstatt – Richtung Teuchl und Gasthof „Alpenheim“ (1180 m).

AUSGANGSORT:

Bei einem der „verstecktesten“ Wirte in Kärnten. Je nach Schneelage kann auf der Forststraße noch etwas weiter gefahren werden.

AUFSTIEG:

Entlang der Forststraße, die Sie vielleicht etwas ungeduldig werden läßt. Unterhalb der Platschtrattenhütte kann man sich überlegen, ob man die Straße wählt bis zur Bärenkopfhütte oder direkt links, etwas steiler, aufwärts geht. Der folgende Abschnitt führt am Rücken bei der Hainischhütte (verfallen) vorbei aufwärts in die Scharte östlich vom Gipfel. Zum Gipfel über den hügeligen, leicht überwächteten Grat mit Schiern.

ABFAHRT:

Zwischen Gipfel und östlichen Vorgipfeln in einer Rinne zu zwei weiteren schönen Hängen. Nach dem ebenen Boden folgt man dem orographisch linken Bach. Am Boden bei der Bärenkopfhütte quert man den Bach und fährt nordostseitig nochmals 350 Höhenmeter abwärts zur Forststraße. Morgenstund hat Firn unter den Schiern!

Striedenkopf 2749 m

Eine Traumabfahrt präsentiert sich von der Scharte herunter (links), der Gipfel ist links oben sichtbar.
Abbildung rechts:
So erreicht man die maximale Höhe.

Knoten *2214 m, und*
Hochtristen *2536 m*

Mit zwei Anstiegen!

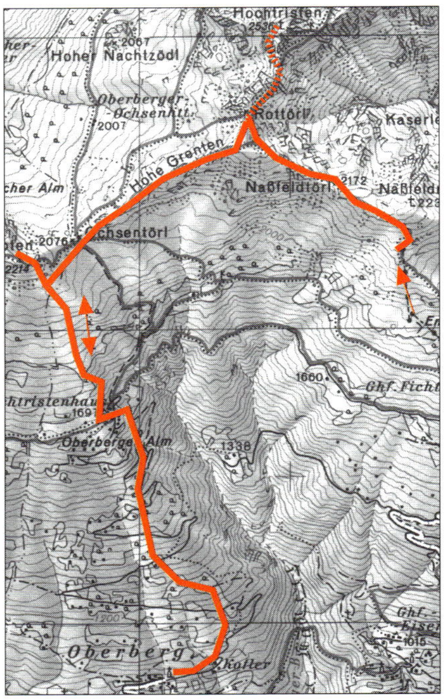

BEWERTUNG:
Knoten: –L, Hochtristen: –L bis zum Rottörl, nachher: –S

HÖHENUNTERSCHIED:
Von Oberberg bis
Knoten: 1200 Höhenmeter
Hochtristen: 1500 Höhenmeter

ZEIT:
Von Oberberg, 1020 m bis Knoten, 2214 m – Aufstieg: 3 Stunden
Abfahrt: ca. 1 Stunde
Von Oberberg, 1020 m bis Hochtristen, 2536 m – Aufstieg: 4,5 Stunden. Von Emberger Alm – Hochtristen, 2536 m – Aufstieg: 2 Stunden
Abfahrt: ca. 1 Stunde

JAHRESZEIT:
Dezember bis Ende Feber

KARTE:
ÖK-Nr. 181,
Obervellach

Ein Gipfel mit zwei Anstiegen, die allerdings riesige Unterschiede aufweisen. Einmal ist es die Markierung B 3, das andere Mal das Schild mit dem Schigebiet „Emberger Alm". Entweder 1516 oder 420 Höhenmeter, wählen Sie aus! Wobei aber gesagt werden muß, daß B 3 mit 1516 Höhenmetern nicht nur besser klingt, auch bei den Abfahrten sind Welten dazwischen. Der schmale Grat vom Rottörl zum Gipfel bleibt ja für beide Anstiege gleich schön.

ANREISE:
Drautal-Bundesstraße – Berg – im Ort hinter der Kirche links aufwärts zum vorletzten Bauern vor dem Wald, wo man noch einen Parkplatz in Oberberg findet.
Für die kurze Tour: Greifenburg–Abzweigung Emberger Alm – Liftstation, 1660 m – Liftfahrt – in 2120 m Höhe werden die Felle montiert. Der flache Aufstieg zum Schidepot führt auf den einfachen Verbindungsrücken über den Hohen Grenten. Ab dem Rottörl geht's über den scharfen Blockgrat auf und ab zum Gipfel und wieder zurück.

AUFSTIEG:
Am Anfang den Forstweg entlang, an der ersten Wiese vorbei, dann links der Markierung B 3 im Wald aufwärts. Dieser Aufstieg ist ein alter Almweg, der mehrmals die jetzige Almstraße quert.
Ab dem Hochtristenhaus verfolgt man die Almwiesen hinauf zum flachen Rücken unter dem Knoten. Dieser selbst ist auf den letzten 100 Höhenmetern ohne Schier zu besteigen. Zum Hochtristen führt der Weg über den flachen Rücken zum Rottörl, wo man auf den Aufstieg von der Emberger Alm trifft.

ABFAHRT:
Bis zum Hochtristenhaus den Aufstieg entlang. Nachher geht es nur teilweise dem Aufstieg nach, ansonsten immer über gut geneigte Almwiesen, nicht ganz einfach zu finden, allerdings sind meist Spuren vorhanden oder man fährt der Straße entlang.

Hochtristen (links) vom Ochsentörl, die Oberberger Alm (unten)

Lienzer Dolomiten

Laserzlauf

Achtung, fertig (Feuer), los!

Hundert bis hundertfünfzig Tourengeher und Langläufer treffen sich alljährlich zum Dreikönigstag in Lavant: Anlaß ist eine Schitour mit Zeitnehmung. An der Ausrüstung der Teilnehmer ist zu erkennen, daß es um einen Wettbewerb geht. Ein Großteil der Läufer ist sozusagen „normal" ausgestattet, jene, die allerdings vorne dabeisein wollen, sieht man ohne schweren Rucksack. Die Spezialisten erkennt man an einem Tragegestell oder einer Kinderkraxe, auf der die megaleichten Tourenschi mit Fellen und Schuhschale montiert sind, wie auf einem

BEWERTUNG:

Eigentlich M, aber die Länge und der Zeitdruck machen daraus –S.

HÖHENUNTERSCHIED:

Aufstieg: 1850 Höhenmeter
Abfahrt bis Kreithof: 1447 Höhenmeter

ZEIT:

Aufstieg normal: ca. 4 Stunden
Abfahrt: ca. 1 Stunde
Diese Zeiten sind auch von der Schneelage knapp über der Talsohle abhängig.

Bestzeit Herrn:
Aufstieg: 1.47.18 Stunden
Abfahrt: 16.30 Minuten

Bestzeit Damen:
Aufstieg: 2.10.56 Stunden
Abfahrt: 23.04 Minuten

KARTE:

Freytag u. Berndt WK 182, 1:50.000, Lienzer Dolomiten, ÖK-Nr. 180/179

ANREISE:

Drautal Bundesstraße – Lavant – Mülldeponie – Schießstand

AUSGANGSORT:

Hinter dem Bundesheer-Schießstand beim Kraftwerkshaus, wo auch der Schranken der Straße ist.

AUFSTIEG:

Der Forststraße nach, gleichzeitig gibt es einen steilen Wanderweg (im Sommer), der über die Lavanter Alm, 1900 m, aufs Laserztörl und hinunter zur Karlsbaderhütte führt.

ABFAHRT:

Vom Laserztörl zur Karlsbaderhütte – Dolomitenhütte – Kreithof – Lavant – zum Ausgangsort zurück.

Schiträger. Gelaufen wird anfangs nämlich nur mit den Innenschuhen, damit die nicht rutschen, werden auf die Sohlen kurze Steigfelle geklebt. Bis zur Lavanter Alm sind oftmals Spuren von Jägern, so daß meist bis dorthin gelaufen wird. Am Laserztörl heißt es rasch die Felle entfernen und unter den Langlaufanzug stecken, die Bindung fixieren, und ab geht's zuerst schräg hinunter rutschend zwischen die Felsen. Dann gilt es, das Tempo gut zu dosieren, einen Mittelweg zu finden zwischen Sturz und maximaler Geschwindigkeit. Ab der Dolomitenhütte geht es (auf der Schipiste) in der Direttissima auf unübersichtliche Hügel zu, man kann nur hoffen, noch genügend Restkraft für die Aufsprünge zu haben. Der letzte Sprung über die Fahrtstraße, und dann werden die brennenden Oberschenkel nochmals in eine möglichst tiefe Hocke gezwungen. Das Abschwingen nach dem Ziel am Kreithof ist nur mehr mittels übermenschlicher Kraftanstrengung zu schaffen – GAME OVER!

Zwischen dem Hochstadel (links) und der Keilspitze (Mitte) verläuft der Aufstieg des Laufes (Lavanter Alm)

Laserzwand

2614 m

Zwischen steilen Felsen

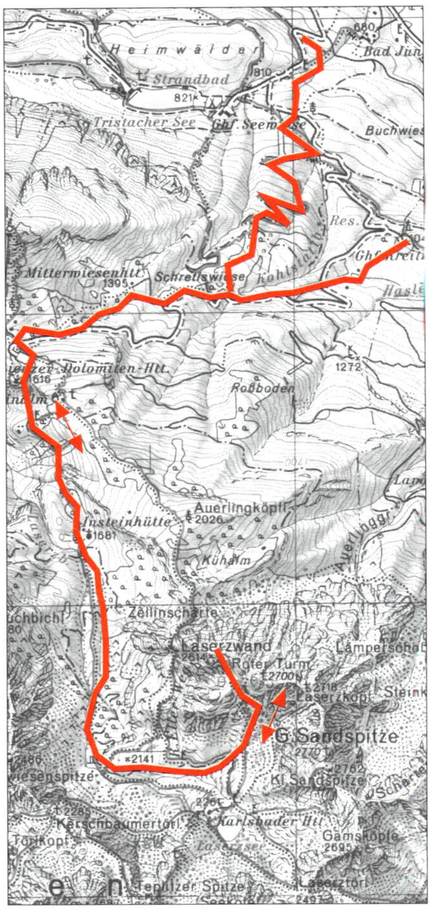

BEWERTUNG:

Aufstieg: –M, Abfahrt: –S

HÖHENUNTERSCHIED:

ab der Abzweigung:	1970 Höhenmeter
ab Tristacher See:	1820 Höhenmeter
ab Kreithof:	1580 Höhenmeter
Ab Dolomitenhütte:	1010 Höhenmeter

ZEIT:

Ab Dolomitenhütte:	4 Stunden

Die ganze Gruppe ist West–Ost gerichtet, wobei von Norden zwei tiefe Einschnitte die Lienzer Dolomiten dreiteilen: Einmal der Hochstadel, das ganze Laserz und im Westen der Spitzkofelteil.
Davon ist der mittlere Teil am geeignetsten für Schitouren, dafür sprechen auch die Straße zur Dolomitenhütte und parallel die einfache Piste zum Kreithof.
Im Laserzkessel, in dessen Mitte die Karlsbaderhütte steht, gibt es einige Varianten, nach Nord oder Süd gerichtet, auf Scharten oder Gipfel.
Ein weniger bekanntes Ziel ist die Laserzwand, genau genommen die kleine Felsspitze zwischen Laserzwand und Rotem Turm. Benannt nach einem früheren Bergsteiger, heißt sie heute Schöttnerspitze, 2633 m hoch.

JAHRESZEIT:

Feber bis April

KARTE:

ÖK-Nr. 179, Lienz

ANREISE:

Drautal – Dölsach – Lavant in Richtung Tristach – Abzweigung Dolomitenhütte oder Lienz – Tristach in Richtung Lavant – Abzweigung Dolomitenhütte

AUSGANGSORT:

Ist es nicht möglich, bis zur Dolomitenhütte zu fahren, so ist es ratsam, bei der Abzweigung Tristacher See zu parken. Auch am Kreithof (Gasthof) kann geparkt werden oder ganz unten bei der Anfahrtsstraße, Abzweigung Dolomitenhütte (Parkplatz). Ein Taxi bis zur Dolomitenhütte kann in Lienz bestellt werden.

AUFSTIEG:

Vom Kreithof die Piste entlang zur Dolomitenhütte, die den ganzen Winter über bewirtschaftet ist, aber keine Schlafplätze hat. Für die Übernachtung empfiehlt sich der Kreithof.
Von der Dolomitenhütte bis nach der Insteinalm der Fahrstraße nach. Dort dem linken Graben folgend auf die Hüttenstraße und dann gleich wieder links aufwärts auf den Rücken. Diesen immer entlang, oberhalb der letzten Bäume flach zurück unter die Karlsbaderhütte. Nach der ebenen Stelle links aufwärts zu den Felsen unterhalb des Roten Turms. Nach den Felsen wird das Gelände steiler, zum Schmittsattel, 2565 m, und diesem folgend wird es wieder einfacher. Will man auf die Spitze hinauf, muß man klettern, südseitig ist das einfacher.

ABFAHRT:

entlang des Aufstiegs

Blick vom Roten Turm über die Laserzwand zu den Hohen Tauern

Insteinalm mit Laserzwand

Auerling

2035 m

Für jedes Wetter

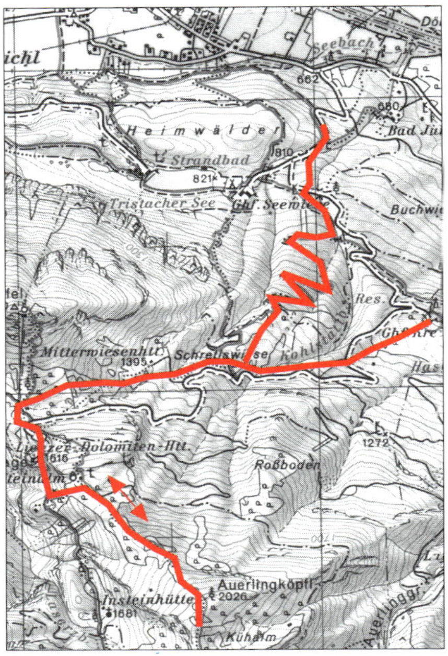

Der Auerling hat den ganzen Winter über Saison, vom ersten Schnee bis nach Ostern. Ideal sind seine Gegebenheiten auch für Anfänger, vorausgesetzt, man ist ein halbwegs guter Schifahrer.

BEWERTUNG:
Aufstieg und Abfahrt: –L

HÖHENUNTERSCHIED:
410 Höhenmeter ab der Dolomitenhütte

ZEIT:

Aufstieg:	1,5 Stunden
Abfahrt :	0,5 Stunden

JAHRESZEIT:
November bis März

KARTE:
ÖK-Nr. 179, Lienz

ANREISE:
Wie bei der Tour Laserzwand

AUSGANGSORT:
Dolomitenhütte, 1620 m

AUFSTIEG:
Von der Dolomitenhütte der Forststraße nach bis zum Wassertrog. Dort links hinauf über die Waldlichtung zur Weißsteinhütte und den Rücken entlang hinauf in den lichten Lärchenwald. Kurz nachher erreicht man den flachen Auerlinggipfel, 2035 m.

ABFAHRT:
entlang des Aufstiegs

Am Auerling, im Hintergrund der Spitzkofel

33 *Golzentipp*

2317 m

Eine schöne Schiwanderung

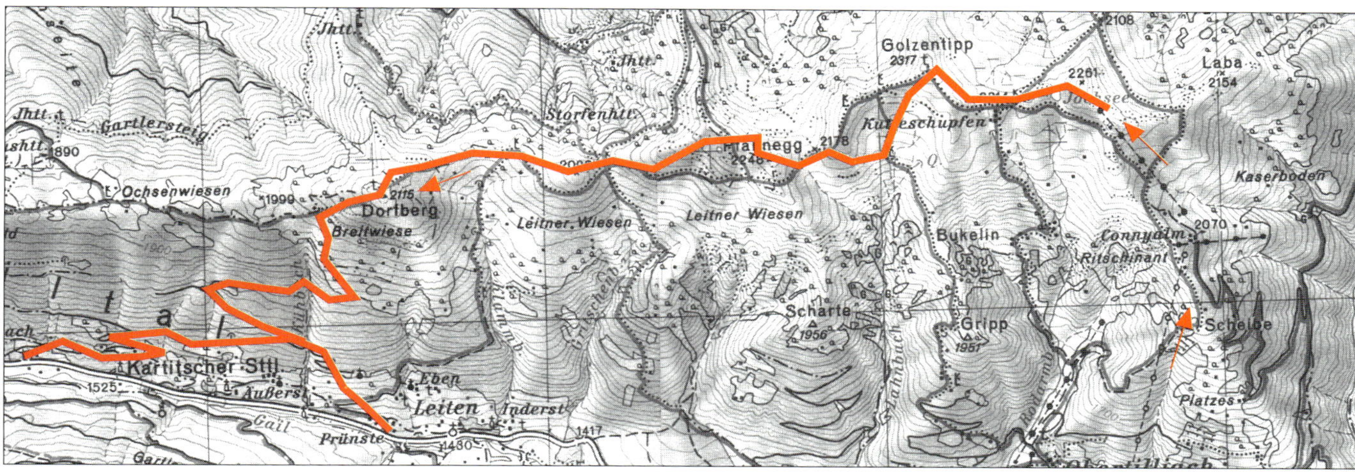

BEWERTUNG:

Aufstieg und Abfahrt: –L

HÖHENUNTERSCHIED:

Aufstieg insgesamt: ca. 500 Höhenmeter
Abfahrt auf der ganzen Strecke: ca. 960 Höhenmeter

ZEIT:

Aufstieg und Abfahrt: ca. 4 bis 5 Stunden

JAHRESZEIT:

Dezember bis Ostern

KARTE:

Freytag & Berndt, WK 182, Lienzer Dolomiten – Lesachtal
ÖK 195 Sillian

Von den Lienzer Dolomiten ist der Golzentipp der letzte höhere Berg im Westen. Seine Form ist zum Großteil stark geprägt durch die letzten Eiszeiten. Dementsprechend gibt es nur runde, sanfte Rücken und Hügel, die nach Westen hin abnehmen. Auf der Tour werden diese verfolgt.
Was man dabei nicht unterschätzen soll, sind die Hänge und Mulden links und rechts des Grates, besonders im kalten Hochwinter und nach Windverfrachtungen (Lawinengefahr!). Obertilliach ist der Ausgangspunkt, ein Ort mit nicht alltäglichem Ortsbild. Ungewöhnlich eng sind die Häuser zusammengebaut, ähnlich wie in einer alten Stadt. Die Häuser sind allerdings nicht gemauert, sondern aus Holz gezimmert. Bis 1935 hat es kein elektrisches Licht gegeben.
Man verwendete Kerzen und Petroleumlampen als Lichtspender. Ein Nachtwächter sorgte damals und sorgt auch heute noch für Sicherheit vor eventuell drohender Brandgefahr: Um 22, 24 und 2 Uhr geht er seine Runde.

Blick vom Pfanneck Richtung Dorfberg

ANREISE:

Pustertal – Abzweigung bei Tassenbach zwischen Strassen und Panzendorf ins Gailtal – über Kartitsch und Kartitscher Sattel nach Obertilliach Lesachtal. Von Villach – Lesachtal – Kötschach-Mauthen – St. Lorenzen – Obertilliach

AUSGANGSORT:

Obertilliach, östlich am Ortsrand die Talstation Golzentipp-Lift

AUFSTIEG:

Zuerst mit 2 Liften auf 2220 m. Dort die Felle montieren oder in die Mulde abfahren. Schöner ist sicher, zuerst abzufahren, damit spart man sich das lange Schrägfahren zu den Kutteschupfen (mehrere kleine Heuhütten). Über den flachen Rücken zum Golzentipp, 2317 m, mit dem riesigen Kreuz. Nun immer am Kamm entlang abfahren. Zweimal sind die Felle noch zu montieren. Am Pfanneck sind 170 m, am Dorfberg 70 m Aufstieg zu bewältigen, je nach Verhältnissen kann man die Schi auch tragen. Der kleine Hügel dazwischen kann ohne Felle erstiegen werden.

ABFAHRT:

Sie beginnt am Dorfberg, wo auch wieder ein nicht zu übersehendes Kreuz steht. Zuerst in Richtung Südwesten zu den Heuhütten, wo der Forstweg hinunter nach Leiten beginnt. Wenn nach der zweiten Kurve die linke Abzweigung nicht benutzt wird, kommt man zum Kartitscher Sattel (Bushaltestelle). Achtung! Bei der Anreise den Fahrplan an einer Haltestelle studieren, wenn man nach der Abfahrt mit dem Bus nach Obertilliach zurückfahren will.

Defregger Alpen
Lasörlinggruppe

34

DEFREGGER ALPEN

Überschreitung *Hochstein* *2057 m*
Schönberglspitze *2368 m*

Mit den Schiern auf dem Rücken

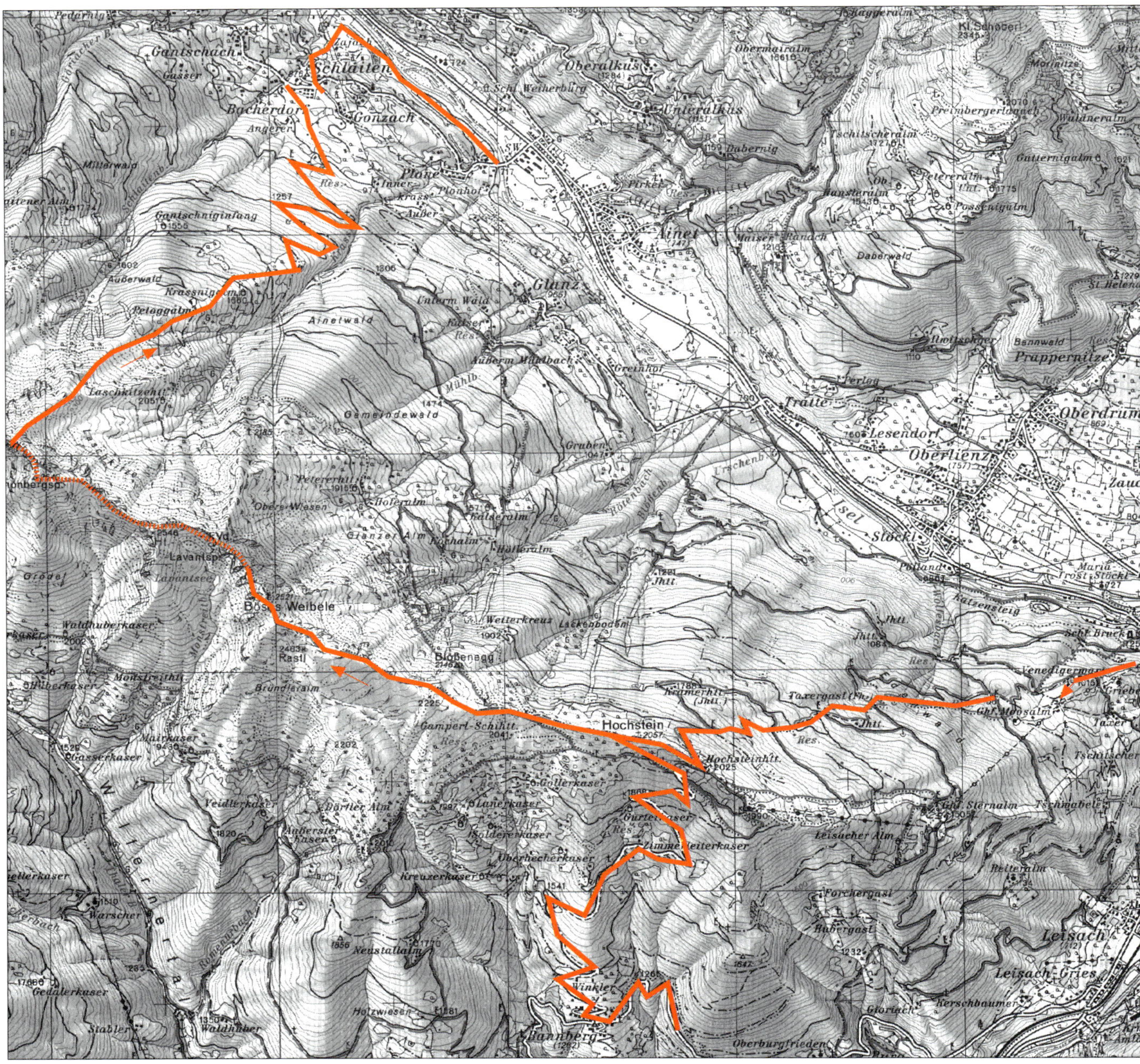

BEWERTUNG:

Aufstieg und Abfahrt: –M

HÖHENUNTERSCHIED:

Aufstieg ab Hochstein-Bergstation: ca 1000 Höhenmeter

Abfahrt bis Schlaiten: 1750 Höhenmeter

ZEIT:

Aufstieg:	ca. 3,5 Stunden
Abfahrt:	ca. 1 Stunde

JAHRESZEIT:

Dezember bis März

KARTE:

AV-Nr. 41, Schobergruppe

Hochstein – 2057 m
Schönberglspitze – 2368 m

Diese Tour ist keine übliche Schitour mit Aufstieg – Gipfel – Abfahrt. Der Großteil des Höhenunterschiedes, 1800 m, wird mit den Hochstein-Liften geschafft. Übrig bleiben 1000 Höhenmeter, verteilt auf mehrere Graterhebungen im Zuge der ca. 10 km langen Strecke. Vielfach ist die Nordseite des Grates abgeweht, weshalb diese Tour auch bei allgemein ungünstigen Verhältnissen gut zu begehen ist. Vom Bösen Weibele, 2521 m, an ist es besser, die Schi auf den Rucksack zu schnallen, Kletterstellen sind zu bewältigen, wobei die Kondition hinauf auf die Schönberglspitze wahrscheinlich schon etwas nachläßt. Steht man auf diesem Grat, erstreckt sich vor dem Beschauer ein Panorama, das vom Großglockner bis zu den Drei Zinnen reicht.

ANREISE:

Felbertauern – Lienz oder Drautal – Lienz

AUSGANGSORT:

Lienz, 675 m Talstation Hochsteinbahn – Erste Fahrt um ca. 8.30 Uhr, oder man fährt über Leisach – Bannberg–Hochsteinstraße hinauf bis kurz unter die Hochsteinhütte (Parkplatz). Somit ist auch ein früherer Start möglich.

AUFSTIEG:

Zur Extremtour könnte diese Tour werden, wenn man von Lienz auf den Hochstein über den Russenweg geht. Dieser zweigt am oberen Ende des Übungsliftes Taxermoos ab. Dieser Russenweg könnte auch eine eigene Tour sein. Ab der Hochsteinhütte, am markanten Kreuz vorbei und am flachen Rücken einfach zum Bösen Weibele, 2521 m. Am leichten Grat ist es besser, die Schi zu tragen. Die möglichen Abkürzungen, links und rechts in den Flanken, sind nicht immer sicher. Am gesamten Grat gibt es keine Kletterstelle.

ABFAHRT:

Von der Schönberglspitze den Grat abwärts. Dann von einer Scharte, auf dem oft hart gepreßten Schnee, den Rücken entlang abwärts. Nach einer deutlichen Verflachung kommt ein heiklerer Abschnitt, der am orographisch linken Rücken von der Mulde befahren wird. Die folgende Abfahrt führt am Waldrand entlang in die Wiesen zur ersten Almhütte. Nachher gelangt man auf schönen Wiesen am unteren Ende zum Forstweg. Diesen entlang und nach den ersten Häusern unterhalb der Fahrstraße hinein nach Schlaiten. Bei genügend Schnee ist die Abfahrt bis zur Isel möglich und dieser entlang bis zur Schlaitner Brücke. Die Rückfahrt nach Lienz mit Taxi, Bus oder zuerst abgestelltem Pkw.

Von links: Lavantspitze, Schönberglspitze, Rotsteinberg

Hochstein – 2057 m
Schönberglspitze – 2368 m

Hochstein – 2057 m
Schönberglspitze – 2368 m

35

Kreuzkögele *2743 m*
Speikboden *2653 m*
Auf des Messers Schneide!

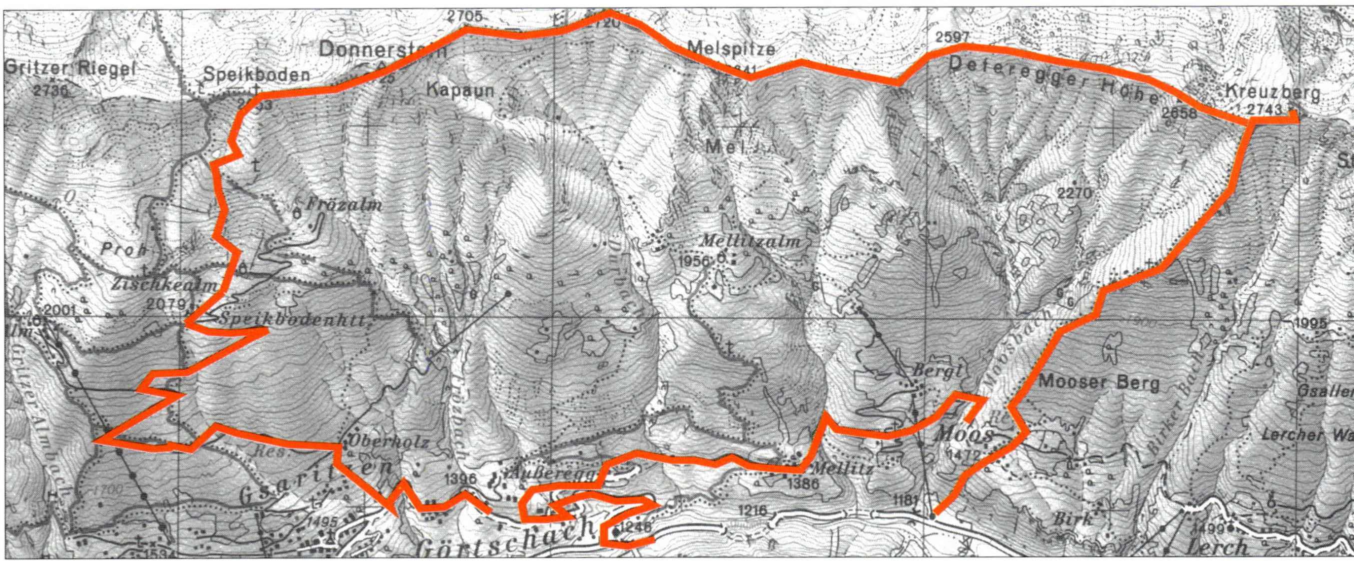

BEWERTUNG:

Die gesamte Strecke bis zum Speikboden ist –S, Abfahrt: –L bis M

HÖHENUNTERSCHIED:

Aufstieg:	1600 Höhenmeter
Abfahrt:	1400 Höhenmeter

ZEIT:

Der gesamte Aufstieg soll nicht länger als 3 Stunden dauern. Für den 9 km langen Grat sind 3 bis 4 Stunden notwendig. Die Abfahrt ca. 1 Stunde und der Weg zum Ausgangsort ebenfalls 1 Stunde. Gesamtzeit ca. 8 Stunden.

JAHRESZEIT:

Februar bis April

KARTE:

ÖK-Nr. 178,
Hopfgarten in Defreggen

Man sagt, daß sich der Name „Defereggen“ von „die Verrecken“ entwickelt hat. Ein Grund dafür wird wohl die Schlucht am Taleingang gewesen sein. Aber auch die steilen, sonnseitigen Flanken bis ins halbe Tal hinein sind nicht die beste Lebensgrundlage, und trotzdem haben die Menschen große, jetzt schon von der Sonne fast schwarz gebrannte Holzhäuser „hinaufgenagelt“.
Heute ist es so, daß Leute von weit her kommen und ihren Urlaub gerne da verbringen.
Rasant ist diese Schitour: Auf der schattseitigen Talseite, am Zeigerle, stehend, kann man die gegenüberliegende steile Sonnseite gut betrachten.
Die Linie besticht, sie zu verfolgen, muß großartig sein. So steil, so weit hinauf, 1570 m, und lange oben bleiben am 9 km langen, schmalen Grat.
Der letzte Abschnitt, die Abfahrt, hat weniger Bedeutung, sie ist halt notwendig.
Jetzt muß ich nur noch auf die richtigen Verhältnisse warten, wen nehme ich mit, welche meiner Freunde halten diese Tour aus? Wem macht diese Anstrengung Spaß? 800 Höhenmeter Schier tragen, dann das steile Spitzkehrenparadies und der Grat, der uns in Euphorie bringt.

Kreuzkögle – 2743 m
Speikboden – 2653 m

ANREISE:

Iseltal oder Felbertauernstraße – Huben – Abzweigung Defreggental–Hopfgarten

AUSGANGSORT:

Ca. 500 m vor der ersten Lawinengalerie, auch noch vor der Moosbachbrücke, wo taleinwärts auf der rechten Seite die Materialaufzüge von Moos herunterkommen.

AUFSTIEG:

Bis hinauf nach Moos sind es 300 Höhenmeter, das ist weiter nichts Besonderes, aber es gibt keinen Wanderweg. Links vom Aufzugseil im Wald findet man den möglichen Anstieg zu den Wiesen unterhalb von Moos. Diese Strecke kann gestrichen werden, wenn man über St. Veit nach Moos fährt. Hinter Moos bietet sich durch den Wald ein Steig an, der genutzt werden muß. Die 700 Höhenmeter im freien Gelände werden in schmalen Spitzkehren, ohne den linken, langen Hang zu berühren, überwunden. Der Grat kann mit Schiern begangen werden. Ein frühzeitiges Abbrechen dieser Tour ist nur vom Griften, 2720 m, über die Wetterkreuzhütte nach Virgen möglich. Sonst heißt es durchhalten bis zum Speikboden, wo ein großes Kreuz steht.

ABFAHRT:

Die Abfahrt über Zischkealm und auf dem Forstweg nach St. Veit ist kein Problem. Von St. Veit verfolgt man den ungefähren Straßenverlauf ins Tal. Zum Schluß die Bundesstraße entlang, durch den Tunnel zum Ausgangsort.

Aufstieg zum Kreuzkögele durch den bewaldeten Rücken. Die Gratüberschreitung ist auf den Seiten 88 und 89 sichtbar („heller“ Grat vor der Venedigergruppe, die im Hintergrund sichtbar ist)

Rote Wand

2818 m

Lang und flach

BEWERTUNG:

bis auf eine Querung – Aufstieg und Abfahrt: –L

HÖHENUNTERSCHIED:

848 Höhenmeter

ZEIT:

Aufstieg: 3,5 Stunden
Abfahrt: 1,5 Stunden

JAHRESZEIT:

Dezember bis April

KARTE:

ÖK-Nr. 177, St. Jakob i. Defreggen

Diese Gegend um den Obersee kann für den Schitourengeher der Ausgangsort für mehrere Ziele sein. Mögliche Gipfel sind dort: Defregger Pfannhorn, 2820 m, Innerrodelgungge, 2729 m, Hinterbergkofel, 2727 m, Rote Wand, 2818 m, Almer Horn, 2986 m. Ich beschränke mich aber an der Schattseite auf die flache Rote Wand und sonnseitig aufs steilere Almer Horn.

ANREISE:

Iseltal – Huben – Defreggental – Stallersattel

AUSGANGSORT:

Parkplatz am Schilift Obersee

AUFSTIEG:

Zuerst einmal die Langlaufloipe entlang bis vor die Zollhütten. Dann links hinauf auf den flachen Boden und vor dem Steilaufschwung rechts hinein in den Stalleralm-Kessel. Bei hartem Firn sind Harscheisen – für diese steile Querung – von Vorteil. Anschließend geht es nur mehr gemütlich dahin bis zum kurzen Gipfelgrat.

ABFAHRT:

Entlang des Aufstiegs. Es gibt aber auch eine Möglichkeit hinunter zum Antholzersee auf der Nordseite, direkt vom Gipfel. Der Rückweg führt dann über die Staller Sattelstraße.

Rote Wand (rechts hinten), gesehen vom Staller Sattel

37 Almer Horn

2986 m

Kurz, steil, sonnig

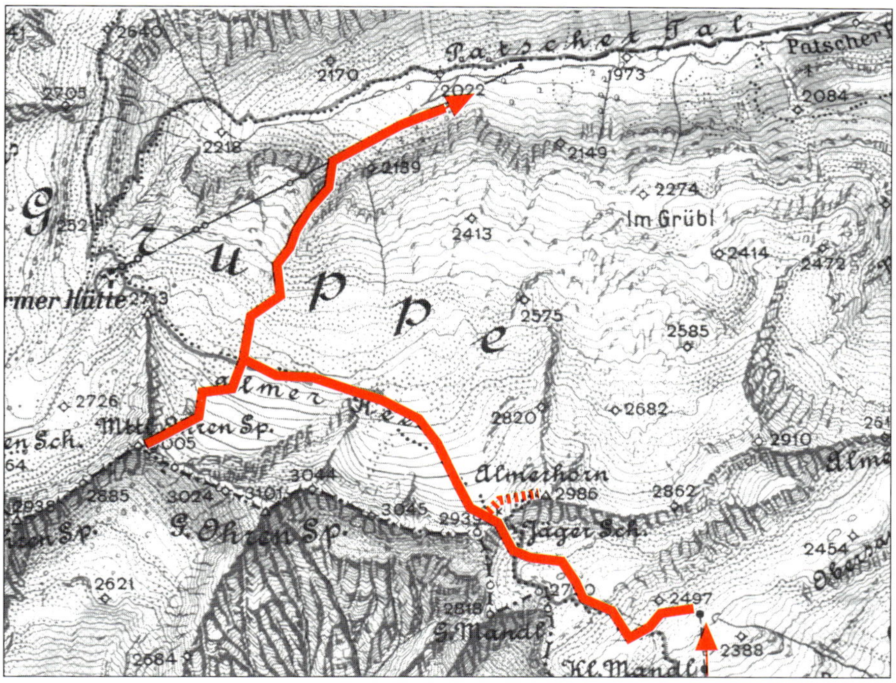

ANREISE:
wie bei der Tour zur Roten Wand

AUSGANGSORT:
ist wieder der Parkplatz bei der Obersee-Bergbahn.

AUFSTIEG:
Zuerst Auffahrt mit den zwei Schleppliften, dann sind Spitzkehren gefragt, nur einmal gibt es eine Flachstelle. Dafür unternimmt man den Aufstieg in die Scharte am besten ohne Schier, außer man fährt auf der Nordseite hinunter. Zum Gipfel hinauf geht's ohne Schier, über leichtes Blockgelände.

ABFAHRT:
entlang des Aufstiegs oder hochalpin Richtung Ohrenspitz und hinunter ins Patschertal bis zur Brücke bei Maria Hilf.

BEWERTUNG:
durchgehend –M

HÖHENUNTERSCHIED:

Aufstieg:	565 Höhenmeter
Abfahrt:	1015 Höhenmeter

ZEIT:

Aufstieg:	ca. 2,5 Stunden
Abfahrt:	ca. 1 Stunde

JAHRESZEIT:
Jänner bis Ostern

KARTE:
ÖK-Nr. 177, St. Jakob

Toblacher Pfannhorn

2663 m

Eine ganz normale Schitour

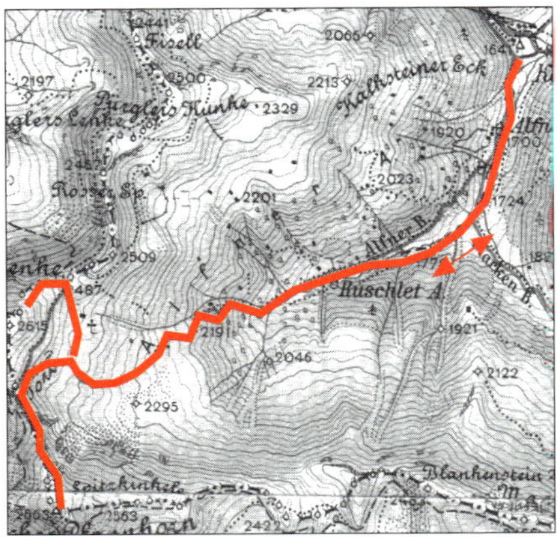

BEWERTUNG:

Aufstieg und Abfahrt: –L bis –M

HÖHENUNTERSCHIED:

1023 Höhenmeter

ZEIT:

Aufstieg:	ca. 3 Stunden
Abfahrt:	1 Stunde

JAHRESZEIT:

Dezember bis März

KARTE:

ÖK-Nr. 177, St. Jakob i. Defreggen

Ein Grenzberg zwischen Österreich und Italien mit alten, verbotenen Übergängen in der Umgebung: Nach der Abtrennung von Südtirol fand hier allerlei „unerlaubter" Handel in den dunklen Nachtstunden statt. Bekannt geworden ist das hintere Villgratental aber mit der Wilderergeschichte um Pius Walder. Heute kann der Besucher nur mehr seinen Grabstein auf dem Friedhof besuchen. Auch der letzte Kalksteiner Pfarrer ist leider nur mehr Geschichte: Er betrieb nämlich im Pfarrhaus ein „richtiges" Gasthaus mit warmen und durchaus scharf gewürzten Speisen. Ungewöhnlich waren die Preise, die er verlangte: Er beschränkte sich auf das Einsammeln von freiwilligen Spenden, um der Steuerpflicht zu entgehen.

ANREISE:

Lienz – Pustertal – Heinfels – Villgratental – Innervillgraten – Kalkstein

AUSGANGSORT:

Parkplatz in Kalkstein, 1640 m

AUFSTIEG:

Nach Süden bei den hölzernen Alfner-Almhütten vorbei und auf der verschneiten Almstraße ins rechte Tal hinein. Im Talschluß geht es, eher rechts, einmal steil hinauf auf 2200 m. Nachher in mäßig steilem Gelände aufs Pauntörl, 2508 m, und dann am Rücken, wo noch Zeugen aus dem Ersten Weltkrieg zu sehen sind, zum Gipfel. Der Nachbargipfel, das Gaishörndl, 2615 m, könnte auch das Tourenziel sein, allerdings ist dort die Pfannspitze für den freien Blick nach Süden im Weg.

ABFAHRT:

entlang der Aufstiegsspur

Aufstieg zum Toblacher Pfannhorn über die Alfner Alm

Toblacher Pfannhorn
2663 m

Strickberg

2546 m

Mit Gipfelkreuz und Dolomitenblick

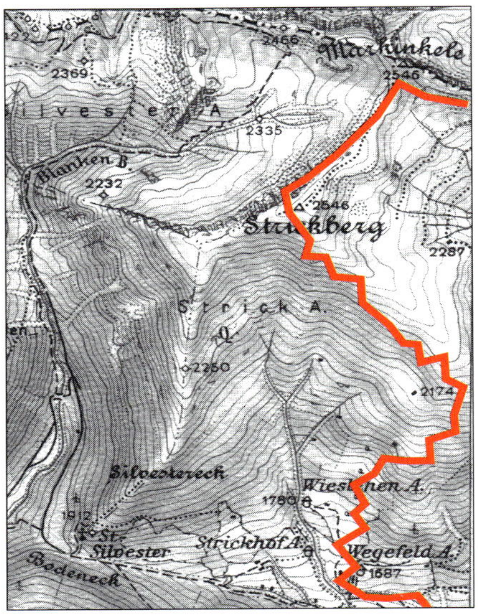

Westlich vom Strickberg ist das um hundert Meter höhere und auch bekanntere Toblacher Pfannhorn. Auf diesen Strickberg führen mehrere Anstiege, für jede Konditionsklasse etwas. Die Aussicht auf dem Gipfel reicht von den Karawanken bis zu den Ötztaler Alpen, in Luftlinie sind das ca. 230 km. Auf eine Anstiegsbeschreibung wird hier verzichtet, ich erwähne aber die Tourenmöglichkeiten.

TOURENMÖGLICHKEITEN:

1. Auffahrt mit dem Thurnthaler Lift auf 2400 m Höhe – Überschreitung zum Markinkele und Strickberg
Abfahrt: Nach Süden wie auf der Karte eingezeichnet

2. *Aufstieg und Abfahrt:* Von Obersuperiore (Winnebach/Italien)

3. Von Toblach – Schönegger – Toblacher Pfannhorn – Kammüberschreitung zum Strickberg

4. Überschreitung vom Thurnthaler über Markinkele – Pfannhorn – Gaishörndl
Abfahrt: Nach Kalkstein
Alle Rücken und Grate sind in der Umgebung gut zu begehen.

BEWERTUNG:

Aufstiege und Abfahrten: –L bis –M

JAHRESZEIT:

Dezember bis März

KARTE:

Tabacco Nr. 10, Sextener Dolomiten,
oder ÖK-Nr. 177 und 178

Strickberg 2546 m

Am Strickberg: man sieht die Drei Zinnen (links neben dem Gipfelkreuz), daneben Dreischusterspitze, ganz rechts Haunold.

Abfahrt vom Strickberg über den Strickhof

Hornisch-Eck

2550 m

Die geologische Grenze zu Afrika

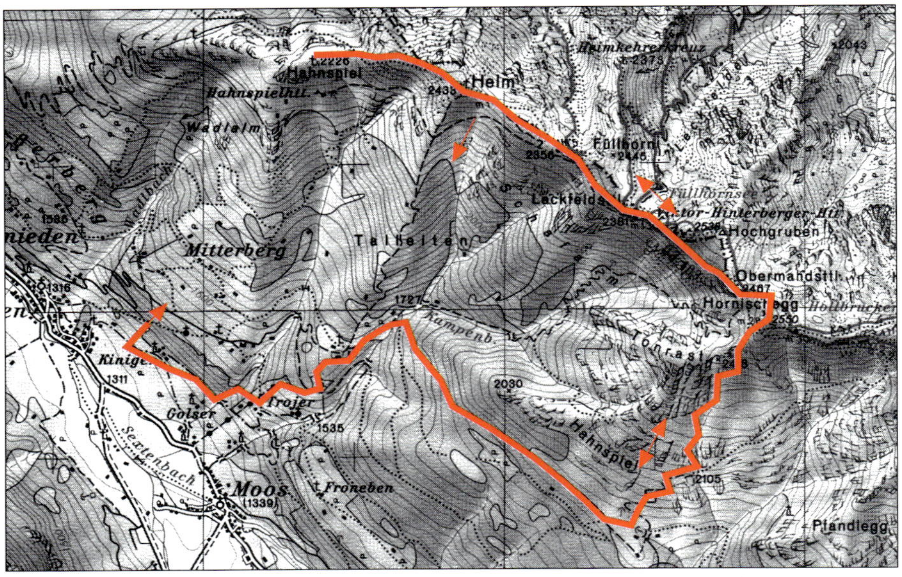

BEWERTUNG:

Aufstieg: L, Abfahrt: M

HÖHENUNTERSCHIED:

Aufstieg
und Abfahrt: 930 Höhenmeter

ZEIT:

Aufstieg: 3 Stunden
Abfahrt: 1 Stunde

JAHRESZEIT:

Dezember bis Ostern

KARTE:

Tabacco Nr. 10,
Sextener Dolomiten,
oder ÖK-Nr. 195, Sillian
Namen und Ortsangaben
laut Tabacco-Karte
1:25.000 Nr. 010

*Es sind besondere Gegebenheiten, die das Hornisch-Eck, im Karnischen Kamm gelegen, zu einem beliebten Tourenziel machen:
Auf der einen Seite das Schigebiet, auf der anderen Seite die vielen Tourenmöglichkeiten und Varianten, die dieser Gipfel bietet. Die Lage des Hornisch-Ecks verläuft genau zwischen Zentralalpen und Dolomiten, der afrikanischen und europäischen Platte entlang. Dies bedingt riesige geologische Unterschiede, im Süden schattige Türme, Zacken und Kanten, Mulden und gleichmäßige Rücken auf der anderen Seite in der Sonne.*

Für diese Tour gibt es mehrere Kombinationen:

1. Auffahrt mit der Helmbahn – Hasenköpfel, 2200 m – Helm–Kammüberschreitung – Hornisch-Eck, 2550 m – Helmhanghütte–Schiabfahrt – Helmbahn

2. Auffahrt mit dem Auto zur Helmhanghütte – Aufstieg ca. 2 Stunden – Helm – Kamm – Hornisch-Eck – Helmhanghütte

3. Helmhanghütte – Klammbachhütte, 1944 m – Hornisch-Eck – Abfahrt auf derselben Strecke

Die Touren können auch so geplant werden, daß die Abfahrt vom Helm auf der Schipiste erfolgt, zum Beispiel bei wenig Schnee oder schwierigen Schneeverhältnissen.

Das Hornisch-Eck, gesehen von knapp oberhalb der Helmhanghütte

Hornisch-Eck 2550 m

ANREISE:

Zu Variante Nr. 3: Pustertal – Innichen – Sexten (an der Kirche vorbei aufwärts zum Panoramagasthof) und zur Helmhanghütte

AUSGANGSORT:

Parkplatz Helmhanghütte an der Schiabfahrt vom Helm (Variante 3)

AUFSTIEG:

Gleich hinterm Parkplatz durch den lockeren Wald oder über die Abfahrt neben Schneekanonen vorbei, bis die Langlaufloipe rechts weggeht. Am Anfang in der ebenen Wiese stehen einige Holzhütten neben der Loipe, bei diesen vorbei in den Graben. Gleich hinter der Brücke ist die Markierung Nr. 13, durch den Wald zur Klammbachhütte. Sobald der Wald lichter wird, hält man sich links aufwärts. Oberhalb ist der logische Weg über die Rücken zum Gipfel (Variante 3).

ABFAHRT:

Entlang des Aufstiegs. Für jene, die vom Helm kommen, ist von Vorteil, wenn sie schon oberhalb der Klammbachhütte im lockeren Wald rechts über flache Böden fahren.

41

KARNISCHE ALPEN

Keller Warte

2724 m

Ein „alter Berg“

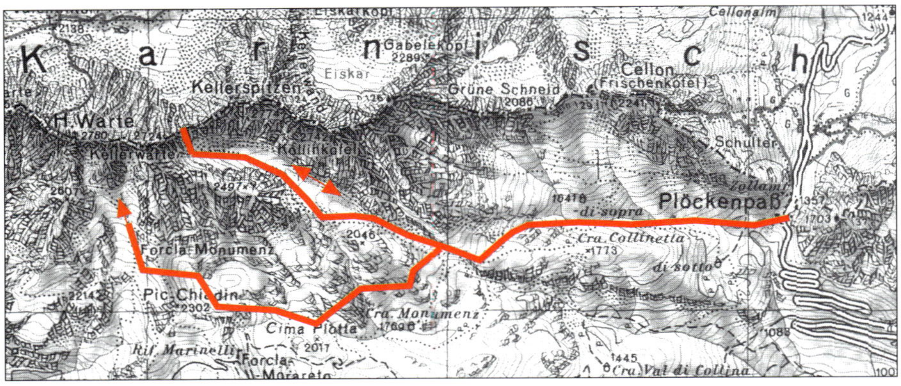

BEWERTUNG:

Aufstieg und Abfahrt: –S

HÖHENUNTERSCHIED:

bis zum Schidepot: 1100 Höhenmeter

ZEIT:

Aufstieg: 3,5 Stunden
Abfahrt: 1 Stunde

JAHRESZEIT:

März bis April

KARTE:

ÖK-Nr. 197, Kötschach

ANREISE:

Drautal – Gailbergsattel – Kötschach – Plöckenpaß oder Gailtal – Kötschach – Plöckenpaß

AUSGANGSORT:

Auf der italienischen Seite am Paßübergang ist ein großer Parkplatz. Am unteren Ende bei drei verschieden großen Tafeln beginnt die alte Kriegsstraße.

AUFSTIEG:

Bei der ersten rechten Abzweigung hinauf und den Bach entlang aufwärts in den flachen Boden. Im Talschluß der Rinne nach, zum linken Rücken, wo in ca. 1900 m der Steig leicht abfällt ins schmale, lange Kar. Diese Querung bietet ein mit Seilen gesichertes Loch zum Durchklettern; es ist ratsam, die Schier auf den Rucksack zu binden, damit das Seilgeländer gut genutzt werden kann. Nachher folgt man den steilen Hängen mit dem „flachen Keller“ zum Schidepot, schon bald sind deutliche Steigspuren auf die Scharte hinauf zu sehen (wohl der Endpunkt für die meisten Tourengeher).

ABFAHRT:

Dem Aufstieg entlang

Neben dem höchsten Gipfel der Karnischen Alpen, der Hohen Warte (2780 m), steht dieses lohnende Tourenziel, das auch wegen seines „hohen Alters“ (Teile davon entstanden vor 400 Millionen Jahren – im Vergleich dazu: die Alpen sind vor ca. 200 Millionen Jahren entstanden) interessant ist. Die südseitigen Felswände der Keller Warte reizen vor allem die Kletterer. Gerade im Frühjahr, wenn das Wetter eine Firntour zuläßt, wird das Auge eines geübten Kletterers immer wieder an diesen 300 bis 400 m hohen trockenen Felswänden hängenbleiben. Und ein wenig geübt muß er schon sein, unser Tourengeher, denn auch die Keller Warte ist ohne Kletterei nicht zu haben. Bevor man auf dem Gipfel die herrliche Aussicht auf so manche rassige Frühjahrsschitour genießen kann, wartet ab der Scharte der Gipfelaufbau, der immerhin Kletterei im dritten Grad abverlangt.

Der Aufstieg zur Scharte, der markante Gipfel links ist die Keller Warte

Sextener Dolomiten

Drei-Zinnen-Hütte

2438 m

Zwischen hohen Wänden

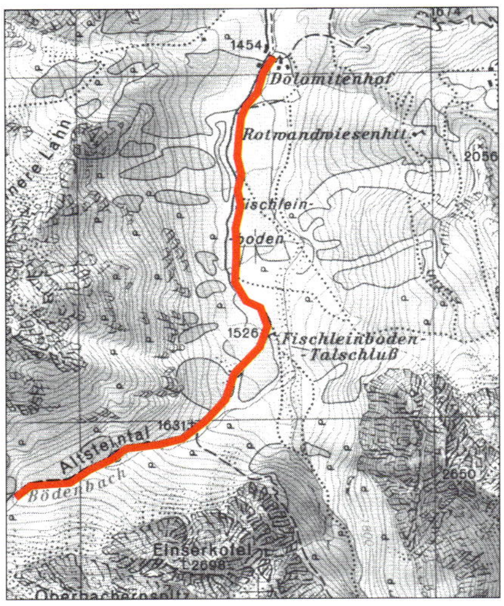

BEWERTUNG:

Aufstieg: –L, Abfahrt: –L

HÖHENUNTERSCHIED:

985 Höhenmeter

ZEIT:

Aufstieg: ca. 3 Stunden
Abfahrt: ca. 1 Stunde

JAHRESZEIT:

Dezember bis April

KARTE:

Geo Rafica Nr. 2, Drei Zinnen oder Tabacco Nr. 010

Was soll man über die Drei Zinnen noch sagen, was nicht schon gesagt worden ist: Weltberühmt, vielbestiegen von zahlreichen Besuchern, die mit Autos und Bussen herangekarrt werden. Letztere Bedingungen treffen vor allem im Sommer zu, Wanderer und Bergsteiger, die es ruhig und beschaulich genießen wollen, sollen das Drei-Zinnen-Gebiet dann eher meiden. Wohlgemerkt im Sommer, denn im Winter hält sich der Ansturm auf diese einzigartige Landschaft in Grenzen: Tourengeher durchwandern das Gebiet im Zuge der Dolomitendurchquerung, wo die letzte Etappe von Misurina nach Sexten führt.
Die einzige Route, wo im Winter regelmäßig Spuren zu finden sind, verläuft im Altensteiner Tal zur Drei-Zinnen-Hütte, auf einem alten, traditionsreichen Wander-, Säum- und Kriegsweg von Sexten Moos herauf. Eine faszinierende Tour, eingeengt von bis zu 800 m hohen Felswänden, mit einer Gipfelhöhe bis zu 3000 m.

ANREISE:

Pustertal – Innichen – Sexten – Sexten Moos – Fischleintal

AUSGANGSORT:

Parkplatz im Fischleintal

AUFSTIEG:

Die ersten 2,5 km flach einwärts, an der Talschlußhütte vorbei. Bis zur Hütte wird die Straße von Pferdeschlitten und dem Wirt befahren. Für alle anderen besteht aber Fahrverbot. Die Aufstiegsrichtung gibt der Sommerweg vor, immer rechts vom Bachbett haltend. Von 1980 m Höhe geht man rechts hinauf und vor den Felsen links den Terrassen nach. Eine Variante: Vor der Zinnenhütte rechts den Hang mit den Felsblöcken noch mitnehmen und die Rast bei den Felshöhlen vom Ersten Weltkrieg am Fuß des Toblinger Knotens machen.

ABFAHRT:

entlang des Aufstiegs

Zur Drei-Zinnen-Hütte: im Hintergrund links der Einser, daneben die Oberbacherspitzen

Drei-Zinnen-Hütte
2438 m

Links Kleine Zinne,
rechts Große-Zinne-Nordwand

Drei-Zinnen-Hütte
2438 m

Das Altensteiner Tal,
im Hintergrund die Drei Zinnen

Hochbrunner Schneid

3046 m

BEWERTUNG:

Aufstieg und Abfahrt: –S

HÖHENUNTERSCHIED:

1592 Höhenmeter

ZEIT:

Aufstieg:	ca. 4 Stunden
Abstieg und Abfahrt:	ca. 1,5 Stunden

JAHRESZEIT:

Dezember bis Mai

KARTE:

Tabacco Nr. 010
oder ÖK-Nr. 195, Sillian

Trittsicherheit erforderlich!

Eine Berg- und Schitour, die sich dem Bergfreund nicht gerade präsentiert, da sie auch von den Bergen ringsum nicht gut einsehbar ist:
Der Aufstieg bleibt bis zum Schluß ein Geheimnis, der Gipfel der Hochbrunner Schneid ist flach im Gegensatz zu den zackigen und steilen Erhebungen der Umgebung.
Daß man sich auf einer der ganz großen, auch schweren Schitouren in den Dolomiten befindet, merkt man spätestens dann, wenn man die letzten 400 Höhenmeter vor sich hat.
Freilich hat man da schon einige Engstellen, Steilstufen und Spitzkehren im eisigen Firn bewältigt, doch wird es dann noch steiler, und zusätzlich ist das Gelände von Felsen unterbrochen.
Eingeengt in senkrechte Felswände, drängt sich langsam die Frage nach einem Schidepot auf, die den Ehrgeiz, die Schier auf den Gipfel hochzutragen, verdrängt.
In der Nähe der Felsen kann es vorkommen, daß der Firn nicht aufweicht und die Schuhe schwer Halt finden.
Ein Tip: Die abmontierte Platte der Ramerbindung oder Fritschibindung mit den Harscheisen auf den Füßen verleiht in solchen Situationen viel Trittsicherheit.

ANREISE:

Pustertal – Innichen – Sexten – Sexten Moos – Parkplatz Fischleinboden

AUSGANGSORT:

Parkplatz Fischleinboden (gebührenpflichtig)

AUFSTIEG:

Auf der Fahrverbotsstraße zur Talschlußhütte, dann links davon auf der Loipe zurück zum Bachbett. Bei der Talgabelung in der linken, schmalen, langen und steilen Rinne aufwärts. In ca. 2140 m kann man sie nach links verlassen, da dort die begrenzende Felswand unterbrochen ist. Nach dem anschließenden Steilhang wird taleinwärts der erste flache Boden erreicht. Über die Steilstufe ins innere Loch, von da an gibt es nur mehr eine Möglichkeit.

ABFAHRT:

Entlang der Aufstiegsspur. Man kann aber auch hinter dem Hochleist vorbei und unterm Zwölfer den langen Hang hinunterfahren. Diese Variante ist zwar auch mit einer Engstelle gespickt, sie ist aber um einiges kürzer.

Blick vom Gipfelgrat ins „Innere Loch" (oben); links Hochleist, rechts Zwölferkofel (unten)

Julische Alpen

44

Iof. di Montasio (Montasch) 2751 m

Einfach und leicht

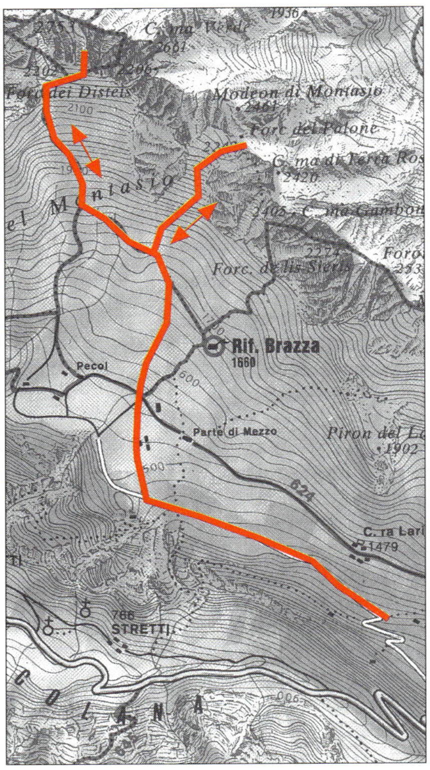

BEWERTUNG:

Zwei Drittel der Strecke –L, letztes Drittel –M, kann aber auch S sein, das östliche Kar: –S

HÖHENUNTERSCHIED:

ab der
Waldgrenze: 650 Höhenmeter
zweites Kar: 400 Höhenmeter

ZEIT:

Aufstieg: 3,5 bis 4 Stunden
Abfahrt: 1 Stunde

JAHRESZEIT:

Dezember bis April

KARTE:

Julische Alpen, westlicher Teil, 1:50.000, von Planinska Zveza – Slovenije, oder Freytag und Berndt WK 141, Julische Alpen

Etwas abgetrennt, westlich von der Linie Tarvisio – Rio di Lago – Predilpaß, liegt der italienische Teil der Julischen Alpen. In Verbindung mit der Straße über den Neveapaß, 1195 m, kommt man dem höchsten Berg dieses Teils mit Schiern ziemlich nahe. Die Tour ist einfach, die letzten 400 Höhenmeter bieten die optimale Steilheit für eine Firnabfahrt. Weiter unten trifft man auf Telemarker, Wanderer, deren Spuren aber höchstens bis zu den langen, schmalen Almhütten gehen.

ANREISE:

Tarvis – Lago di Predil – Neveapaß – bei der ersten Linkskurve rechts abzweigen – Fahrt bis zum Schnee. Im Hochwinter kann es sein, daß man ab dem Paß gehen muß.

AUFSTIEG:

Eine gute Stunde der ca. 4 km langen Straße entlang. Im freien Gelände schräg links zurück zum linken Teil des großen Hanges. Das Ziel sind die Felsen, wo auch der Normalweg zum Gipfel führt. Als Zugabe kann das östliche, steilere, etwas westlich gerichtete Kar angepeilt werden.

ABFAHRT:

entlang des Aufstiegs

Montasch (links oben).
Die letzten Meter zum Schidepot

Kotovo Sedlo Kotovo-Sattel 2138 m

Oft besucht

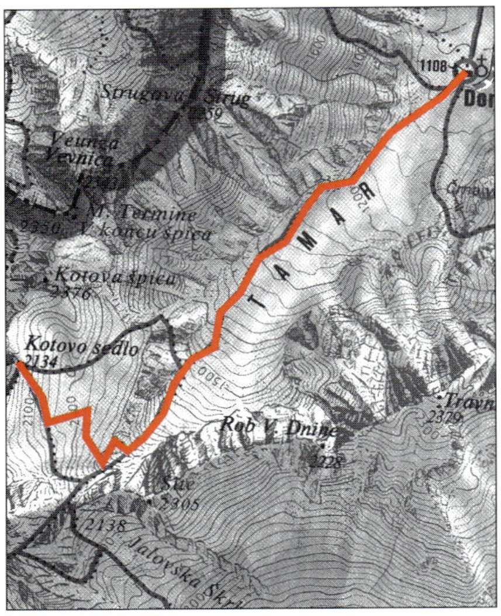

Diese Tour führt wiederum in den Abschluß eines großen Trogtales – vom Jalovec herunter ahnt man, wie die Gletscher hier „gehobelt" haben. Jetzt „hobeln" hier Lawinen die Flanken hinunter bis in die Ebene. Ein heimischer Schitourengeher meinte, daß man bei Neuschnee hier nicht einmal hereinblasen dürfe, schon würden die Lawinen abgehen. Das beschriebene Tal, Planica, ist vom Schispringen her bekannt: Am Eingang fährt man an 5 Sprungschanzen vorbei, von der Größe her nach hinten zunehmend. Auf diesen Anlagen wurden der erste 100-m- und der erste 200-m-Flug gemacht.

BEWERTUNG:

Auf Grund der oft harten Schneebedingungen im Aufstieg und der Abfahrt: –S

HÖHENUNTERSCHIED:

Die ersten 200 Höhenmeter flach, 500 Höhenmeter eisiger Firn, Rest aufgeweichter Firn, allerdings nur bei Sonnenschein!
Total: 1030 Höhenmeter

ZEIT:

Aufstieg:	3,5 Stunden
Abfahrt:	1 Stunde

JAHRESZEIT:

Ende März bis Ende Mai

KARTE:

Planinska, 1:50.000, Julische Alpen – westlicher Teil, Freytag & Berndt Nr. 141, Julische Alpen

ANREISE:

Wurzenpaß, 1073 m – Podkoren – gegenüber der Ortsabfahrt nach Ratece, links ins Planicatal. Ab den Sprungschanzen existiert eine Schotterstraße.

AUSGANGSORT:

ist der Parkplatz noch im Wald vor der Planinski Dom Tamar, 1108 m.

AUFSTIEG:

Hinter der großen Hütte im Wald gleich einmal eher rechts einwärts, entlang von Lawinenkegeln. Nach den letzten vereinzelten Bäumen beginnt's immer steiler zu werden. Pickelhart ist der Schnee, und die Spekulation über das rationelle Weiterkommen beginnt. Steigfelle allein sind zuwenig, die Harscheisen funktionieren nur, wenn die Spitzkehrentechnik sitzt. Ohne Steigeisen kann man auch auf das Tragen der Schier verzichten. Die beste Variante bietet der Anstieg zum Jausenstein in ca. 1900 m Höhe (mit Steigeisen). Der Weg ist logisch vorgegeben. Unterhalb der engen Rinne zum Jalovec quert man fast waagrecht rechts hinaus in den flachen Hang oberhalb der Felswand. Zum Grat kann mit Schiern gegangen werden, da dieser Osthang von der Sonne schnell aufgeweicht wird. Der Gipfel (oder Sattel) ist ein schmaler Grat, auf dem die Ausrüstung sorgfältig bewacht werden muß.

ABFAHRT:

Gipfelhang: Bei Sonnenschein sofort abfahren, für den unteren Teil wird man etwas warten müssen!

Ein klassischer Rastplatz: der „Große Fels" in der Sonne; Abbildung rechts: Kotovo-Sattel (Bildmittte hinten)

Jalovec

2645 m

Eine „Drei Sterne-Tour" – Schnee, Eis und Fels

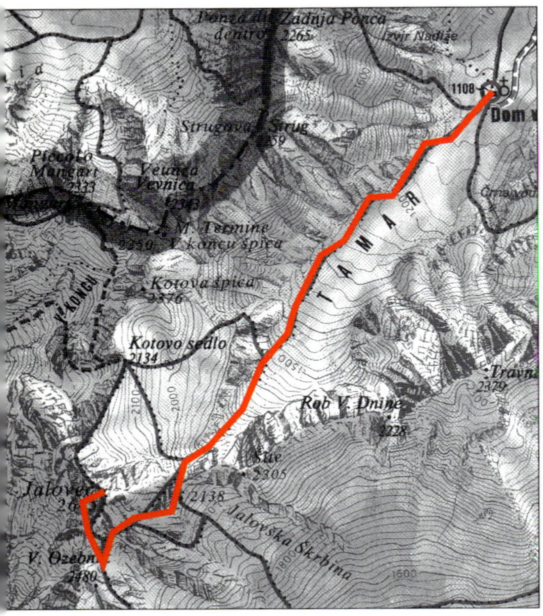

In dieser Tour ist alles enthalten, was sich ein extremer Schitourengeher auch nur wünschen kann: Aufstieg mit Schiern und Steigeisen, in leichter Kletterei zum Gipfel, eine steile, schmale Abfahrt durch eine bis zu 45 Grad geneigte Rinne – und zusätzlich ist man starkem Zeitdruck ausgesetzt, da in besagter Rinne durch Erwärmung Eiszapfen von der Jalovec-Ostseite herunterfallen können und das oberhalb gelegene, südost gerichtete Schneefeld sehr weich wird. Früher Aufbruch ist also Bedingung, trotzdem wird man trachten müssen, so schnell wie möglich hinaufzukommen. Günstig wäre es, die Rinne mit gut aufgefirntem Schnee zu erwischen und so, daß die Eiszapfen schon abgefallen sind.

BEWERTUNG:

In jeder Richtung: –S

HÖHENUNTERSCHIED:

Aufstieg und Abfahrt: 1540 Höhenmeter

ZEIT:

Total ca. 5 bis 6 Stunden

JAHRESZEIT:

März bis Mai

KARTE:

Freytag & Berndt WK 141, Julische Alpen

ANREISE:

Wurzenpaß, 1073 m – Podkoren – gegenüber der Ortsabfahrt nach Ratece, links ins Planicatal. Ab den Sprungschanzen existiert eine Schotterstraße.

AUSGANGSORT:

ist der Parkplatz noch im Wald vor der Planinski Dom Tamar, 1108 m.

AUFSTIEG:

Den ersten Teil wie zum Kotovo sedlo, dann aber gerade weiter durch die markante Rinne. Am Schneefeld rechts zum Grat und unter den Felsaufbau zuerst Richtung Westen queren. An leichten Felsstufen hinauf auf den Grat und diesen zum Gipfel verfolgen.

ABFAHRT:

Vom Schidepot unter den Felsen dem Aufstieg entlang.

In der Jalovec-Rinne;
Seite 117: Vor der Abfahrt

47

Mojstrovka Mala

2332 m

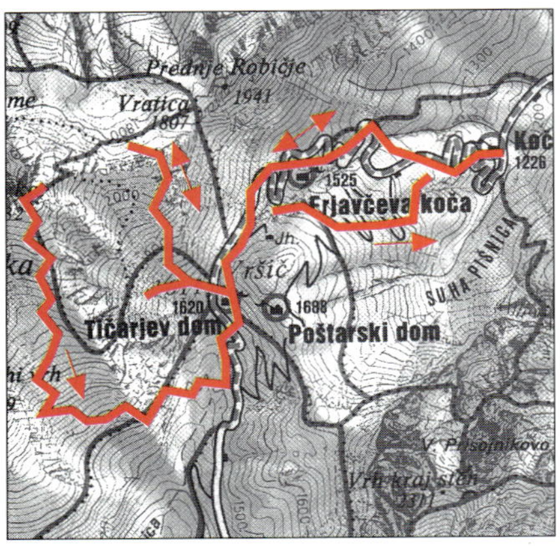

Eine Sonnseite dieser Alpen

Eine schöne, versteckte Abfahrt, die nicht von schattigen Felswänden eingeklemmt ist.

BEWERTUNG:

Aufstieg und Abfahrt: –S

HÖHENUNTERSCHIED:

Aufstieg
und Abfahrt: 1200 Höhenmeter

ZEIT:

Aufstieg: ca. 3,5 Stunden
Abfahrt: ca. 1,5 Stunden

JAHRESZEIT:

ab März bis Mai

KARTE:

Freytag und Berndt, WK 141, Julische Alpen

ANREISE:

Wurzenpaß – Kranjska Gora – Vrsic-Paßstraße

AUSGANGSORT:

Je nach Schneelage an der Straße. Im Frühjahr von der Koca na Gozdu, 1226 m. Der Paß wird erst Ende April vom Schnee geräumt.

AUFSTIEG:

Der Straße entlang, man kann Abkürzungen verwenden zum Bachbett mit Staumauern. Dort aufwärts in Richtung Paß, 1611 m. Die nächste Teilstrecke ist der immer steiler werdende Hang zur Scharte, ab der Hälfte ist es besser, die Schier zu tragen. Über den ausgetretenen Wanderweg auf dem Rücken zum Gipfel.

ABFAHRT:

Die lange, gleichmäßige Mulde zwischen den zwei Mojstrovka-Gipfeln, eher orographisch rechts. In ca. 1500 m Höhe erfolgt die Querung unter der Felswand hinüber zur Paßstraße. Auf ihr hinauf zum Paß und den Aufstieg entlang zurück.
2. Möglichkeit: Vom Paß zur Jagd- oder Forsthütte einige Meter aufsteigen und hinüberqueren zur alten Paßstraße – eine steile Abfahrt im Buchenwald ist möglich. Diese Variante bietet sich an, wenn um das Bachbett schon zu wenig Schnee vorhanden ist.

Mojstrovka
2332 m

Der erste Teil des Aufstiegs führt über die Scharte, der Weiterweg über den Rücken zum Gipfel

Krnica-Kessel

1975 m

Leichte Orientierung

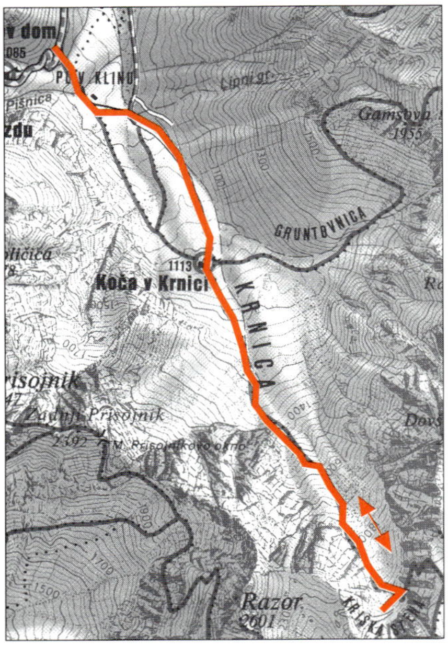

Eingerahmt von steilen Felswänden ist diese Tour, und damit fällt auch die Orientierung leicht: Von der Sonne kann man allerdings nur träumen, die blinzelt nur zeitweise über die Wächtengrate herunter ins Kar. Die Schitourenausrüstung sollte um die Steigeisen erweitert werden. Nach einer Schneerosenwiese zu Beginn und einem darauf folgenden Buchenwald kommt nämlich eine Steilstufe, die nur mit Steigeisen sicher zu begehen ist.

BEWERTUNG:

Aufgrund des Steilhanges, den man auch mit hartem Firn erwischen kann, Aufstieg –S, Abfahrt –S

HÖHENUNTERSCHIED:

1000 Höhenmeter

ZEIT:

Aufstieg:	ca. 3,5 Stunden
Abfahrt :	ca. 1,5 Stunden

JAHRESZEIT:

Ab Mitte März bis Mai

KARTE:

Planinska Zveza – Slovenije – Triglav
Freytag & Berndt WK 141, Julische Alpen

ANREISE:

Wurzenpaß – Kranjska Gora – Vrsic-Paßstraße

AUSGANGSORT:

Vor der zweiten Kehre nach rechts, wo rechts an der Mauer das Russenkreuz hängt; gegenüber können einige Autos parken.

AUFSTIEG:

Oberhalb vom Parkplatz durch den Fichtenwald auf der Forststraße zum Bach hinunter. Nachher über die Wiese zum großen Bachbett, wo die Straße zur Kocav Krnici, 1113 m, verfolgt wird. Dann wird bald das freie, von Lawinenkegeln geprägte Gelände erreicht. Ohne links oder rechts auszuqueren, gelangt man in die mittlere, große Rinne, wo die Steigeisen unterhalb der Steilstufe montiert werden.

ABFAHRT:

entlang des Aufstiegs

Krnica-Kessel 1975 m

Aufstieg und Abfahrt: durch den Kessel rechts unten im Schatten

49

JULISCHE ALPEN

Triglav

2864 m

Der lange Weg!

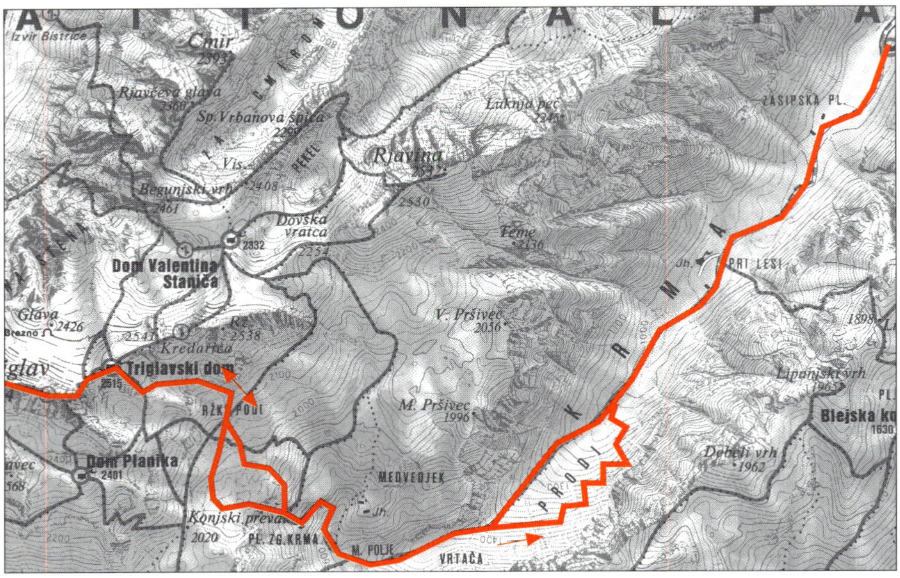

BEWERTUNG:

Aufstieg und Abfahrt: –S

HÖHENUNTERSCHIED:

Bis zum
Triglavski Dom: 1645 Höhenmeter
Von dort zum
Gipfel: 360 Höhenmeter

ZEIT:

Aufstieg
zur Hütte: ca. 5 Stunden
Hütte–Gipfel–
Hütte: ca.1,5 bis 2 Stunden
Abfahrt: ca. 2 Stunden

JAHRESZEIT:

Ab März bis Mai

KARTE:

Institut za Geodezijo in Fotogrametrijo, FAGG Triglav – Planinska; Karte 1:25.000
Freytag & Berndt, Julische Alpen, Nr. 141, 1:50.000
ÖK 210 Assling

Der Triglav ist der höchste Gipfel der Julischen Alpen, wobei die absolute Höhe die Dimensionen dieser Tour nicht ganz widerspiegeln. Schon anders denkt man über diese Aufgabe, wenn man sich die Höhenunterschiede anschaut:

Die Ausgangsorte liegen auf 800 bis 1000 Höhenmetern, der Triglav ist 2864 m hoch. Für den Triglav-Schitourengeher heißt es deshalb früh aufstehen. Nach dem etwaigen Gipfelerfolg kann man in 2500 m Höhe, bei den Wetterwarten, übernachten und auf den heißersehnten Firn warten.
Als Zugabe bekommt man noch ein seltenes Naturschauspiel zu sehen, wenn sich die Sonne am westlichen Horizont senkt, was im Osten die Karawanken und Steiner Alpen im stahlblauen Dunst gelb erleuchten läßt. Nicht oft kann man von einer Hütte aus ein solches Schauspiel verfolgen, man sieht auch nicht oft von einer Berghütte zu weit entfernten Bergen, wie hier von den Hohen Tauern im Westen bis zum Grintavec im Osten. Vom Triglav-Gipfel soll man, so erzählen sich jedenfalls Tourengeher, an klaren, kalten Tagen bis zum Mittelmeer sehen. Ich glaube es auch.

Triglav-Hütte
mit Gipfelgrat zum Triglav

ANREISE:

Karawankentunnel – Autobahn bis zur Ausfahrt Jesenice, Mojstrana oder Wurzenpaß – Kranjska Gora–Mojstrana

AUSGANGSORT:

Von Mojstrana, 640 m, ins Krmatal, wo ab Kurja Vas die Schotterstraße befahren wird (soweit es die Schneelage zuläßt). Zum Parkplatz am Ende der Straße kann erst spät im Frühjahr gefahren werden. Bei der großen Wiese (Zasipska Planina), wo am Anfang die Kovinarska-Koca-Hütte, 870 m, steht, beginnt meistens der Aufstieg.

AUFSTIEG:

Luftlinie sind es 6 km zum Gipfel, Gehzeit ca. 6 Stunden. Eigentlich folgt die Aufstiegsspur dem Sommerweg. Bis auf 1720 m folgt man dem Talgrund zur Pl. Zg. Krma (Hütte). Oberhalb gibt es zwei Möglichkeiten. Einmal zwischen den Felsen die steile Rinne hinauf, oder Sie schlagen einen Haken waagrecht nach rechts, wo aber ebenfalls ein steiler Hang wartet. Beide Wege treffen sich wieder am Beginn der großen Mulde, südwestlich vom Rz Gipfel, 2538 m, die bis auf 2300 m verfolgt wird. Querung auf dem Rücken links oberhalb und auf ihm entlang zum Triglavski Dom, 2515 m. Ab der Hütte (ohne Schier) zum Klettersteig, über den Grat zum Gipfel. Dieser Klettersteig kann teilweise eingeschneit sein, so daß scharfkantige Gratstrecken mit Pickel, Schistöcken oder auch Seil begangen werden müssen. Steigeisen sind unbedingt notwendig. Schwindelanfällige Tourengeher sollen lieber auf den Klettersteig verzichten.

ABFAHRT:

Entlang der Aufstiegsspur, bei entsprechenden Verhältnissen kann von 1500 m abwärts unter den bis 600 m hohen Felswänden vom Draski Vrm entlang abgefahren werden.

„Die lange Stiege zum Triglav“ vom Vratatal

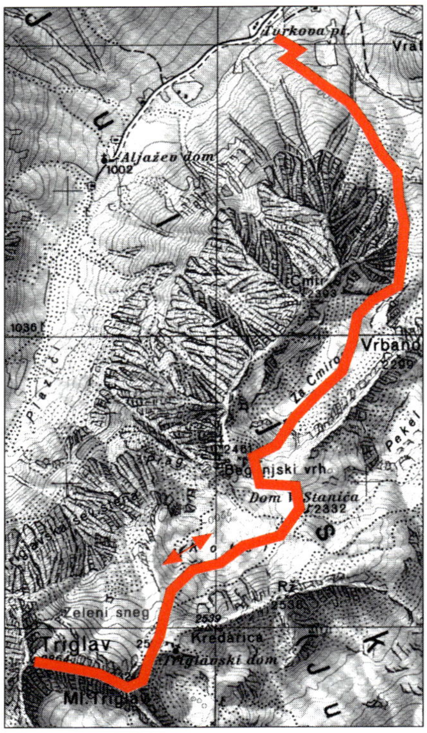

JAHRESZEIT:

Ab Ende März, nur wenn Firn zu erwarten ist.

HÖHENUNTERSCHIED:

Total 1920 m, davon 260 m Wald, 1160 m lange, steile Firnhänge ohne Unterbrechung, 150 m – ca. 2 km Hangquerung und 350 m Klettersteig

ZEIT:

Aufstieg: ca. 5 Stunden
Abfahrt: ca. 1,5 Stunden

Am verschneiten Grat – die letzen Meter zum Gipfel.

BEWERTUNG:

Aufstieg und Abfahrt: –S

Nur bei Firnverhältnissen sicher, wenn die Felswände den Schnee bis zu den Graten hinauf schon abgeschüttelt haben. Für die Julischen Alpen generell ist diese Beobachtung ein Anzeiger für die Verhältnisse.

AUSGANGSORT:

Im Vratatal bei 940 m Höhe, wo sich die Fahrstraße gleich neben dem Bachbett befindet. Auf der anderen Seite sieht man zwei verwachsene, schmale Forstwege links und rechts weggehen.

AUFSTIEG:

Den rechten, steilen, verwachsenen Ziehweg entlang. Auf 1200 m Höhe quert man im Buchenwald links ins freie Schigelände. Je nach Schneehärte geht man mit oder ohne Steigeisen. Die Schier am Rucksack geht es zum Begunjska Oratca, 2342 m. Es kann sein, daß für den gesamten Aufstieg keine Steigfelle benötigt werden, auch nicht unter der Kredarica von der Valentina Stanica, 2332 m, zum Schidepot am Beginn des Klettersteigs.

ABFAHRT:

entlang des Aufstiegs.

Abbildung 125: Abfahrt im oberen Teil

Karawanken Steiner Alpen

51

Hochstuhl

2237 m

Für jeden etwas!

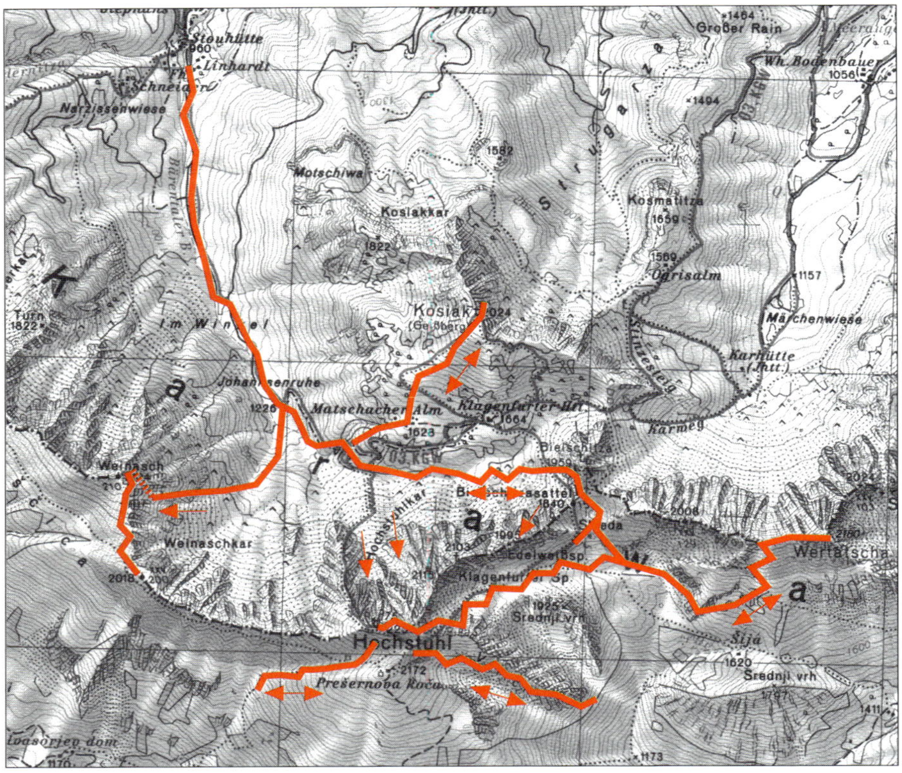

BEWERTUNG:

Alle Touren am Hochstuhl: S, Geißberg: –L, –M

JAHRESZEIT:

März bis Mai

KARTE:

ÖK-Nr. 211, Windisch Bleiberg

ANREISE:

Feistritz im Rosental–Abzweigung Bärental

AUSGANGSORT:

An der Abzweigung ins Bärental steht auf einer Tafel „Willkommen im Bärental“. Von dort weiterfahren bis zur Stouhütte oder im späten Frühjahr bis zum Parkplatz.

Der Talabschluß im Bärental bietet viele Varianten für den Schitourengeher, aber auch für jene Gipfelstürmer, die mit einer Tour pro Tag nicht zufrieden sind. Günstig und anzuraten wäre das Frühjahr, wenn gute Firnverhältnisse herrschen. Für den Hochwinter würde ich den Geißberg empfehlen, ein oft bestiegener Gipfel mit südseitiger Abfahrt gegenüber vom Hochstuhl. Folgende Varianten bieten sich für das Frühjahr an:

Route für den Schifahrer: Aufstieg über Bielschitzsattel, 1840 m, zum Hochstuhl, Abfahrt in der Südostmulde auf ca. 1600 m Höhe – Aufstieg zum Gipfel und Abfahrt in der Westrinne auf 1800 m Höhe. Aufstieg Hochstuhl und über Bielschitzsattel zurück zum Ausgangsort, insgesamt 2260 Höhenmeter – Aufstieg und Abfahrt.

Route für Gipfelsammler: Erster Berg Weinasch, 2104 m – Gratüberschreitung zum Hochstuhl, 2237 m – Abfahrt in den flachen Wald südlich unter dem Bielschitzsattel, 1600 m – Aufstieg zur Wertatscha, 2180 m – Abfahrt entlang des Aufstieges und Anstieg zum Bielschitzsattel, von dort Abfahrt ins Tal. Auf der gesamten Strecke sind es 2100 Höhenmeter, im Aufstieg wie in der Abfahrt.

Route für den Extremschifahrer: Hier bieten sich die drei Rinnen vom Hochstuhl bis zur Edelweißspitze hinauf an.

Der Hochstuhl, verdeckt von den Wolken eines Föhnsturms – vom Bärental aus gesehen

Anzuraten ist auf jeden Fall, die Rinnen hinaufzugehen, da man sich so schon Details für die Abfahrt einprägen kann. Reihenfolge: am besten von West nach Ost, weil da auch für die schmalste und steilste Rinne noch genug Kraft vorhanden ist, dann kommt die mittlere, die ebenfalls östlich vom Hochstuhlgipfel beginnt. Zum Abschluß bleibt die Rinne zwischen Edelweiß- und Klagenfurterspitze. Total: 1950 Höhenmeter Aufstieg und Abfahrt.
Ein Tip: Diese Abfahrten sind natürlich extrem von den Verhältnissen abhängig, oftmals kann erst vor Ort über Befahren oder Nichtbefahren entschieden werden. Im Zweifelsfall verschiebt man die Tour lieber auf die nächsten Tage oder auf das nächste Jahr.

Grintavec

2558 m

Ein steiler Schiberg

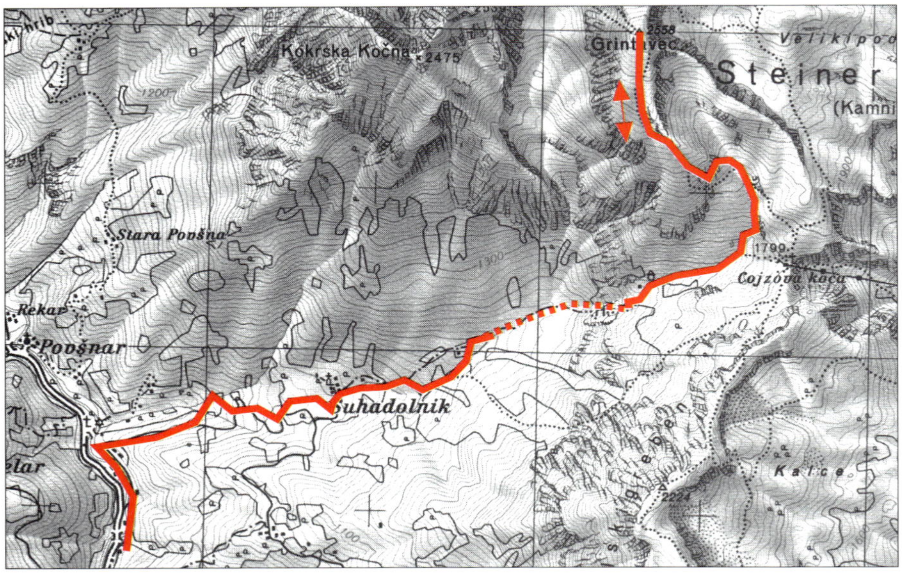

BEWERTUNG:

Aufstieg und Abfahrt: –S

HÖHENUNTERSCHIED:

1658 Höhenmeter

ZEIT:

Aufstieg:	3 bis 4 Stunden
Abfahrt:	1 bis 1,5 Stunden

JAHRESZEIT:

März bis Mai

KARTE:

ÖK-Nr. 212, Vellach

Die Steiner Alpen, das letzte Aufbäumen der Alpen im südöstlichen Auslauf – nördlich davon ziehen die Karawanken vorbei mit Koschuta, Hochobir und Hochpetzen, Berge, die knapp 2100 m hoch sind. Immerhin findet man in den Steiner Alpen drei Gipfel über 2500 m, die solcherart, mit einer Ausdehnung von 15 km in Richtung West–Ost und 10 km in Richtung Nord–Süd, wie eine Sperre nach Süden wirken. Der Weg auf den Grintavec ist steil, und zwar von jeder Richtung. Schöner und einfacher bieten sich noch die Touren im östlichen Teil des Berges an, im Süden verhindert ein Schigebiet verstärkte Tourenaktivitäten. Andere Länder, andere Sitten: Winterliches Bergsteigen mit Schiern ist gerade nicht in Mode, meistens sind es Fußspuren, die auf die und von den Gipfeln führen. Für die Abfahrt vom Grintavec muß man ein guter Schifahrer sein – gute Firnverhältnisse sind eine weitere Voraussetzung (Anfang März bis Mitte Mai).

Die Kocna-Spitzen westlich vom Grintavec

Ein Blick zurück zur „Hütte Cojzova Koca" von der Querung zum Grintavec-Gipfelhang

ANREISE:

1. Karawankentunnel – Kranj – Visoko – Kokra
2. Eisenkappel – Seebergsattel – Spodnje

Die unscheinbare Abzweigung zum Ausgangsort befindet sich zwischen der 7,5- und 7-km-Tafel, drei Anhaltspunkte auf engem Raum: 3 Häuser, eine Brücke über den Kokra-Bach und gleich daneben die Abzweigung, eine Schotterstraße mit Fahrverbotsschild und der Tafel Gozdna cresta.

AUSGANGSORT:

Beim Bergbauer Suhadolnik in 900 m Höhe oder 200 Höhenmeter oberhalb am Straßenende. Bitte nicht bei den Häusern parken, sondern vor dem Gatter am Wegrand, eine Bitte der netten, gastfreundlichen Bauernfamilie. Danke!

AUFSTIEG:

Vom Bauernhof immer links vom Bachbett aufwärts. Bei der zweiten Linkskurve auf der Traktorstraße geradeaus zum oberen Parkplatz. Dort schräg rechts über das Bachbett und zurück zur 200 m hohen Steilstufe. Markant ist dort ein Lawinenschneefeld und etwas rechts oberhalb am Beginn des Seilgeländers eine große Höhle. Bei 1500 m, oberhalb der felsigen Steilstufe, findet man meist den ersten Schnee vor. Der immer breiter, aber auch steiler werdenden Rinne folgen wir bis auf 1900 m Höhe. Links, das deutliche Schneeband zwischen den Felsköpfen, ist die Verbindung zum langen, steilen Gipfelschneefeld.

ABFAHRT:

Entlang des Aufstiegs. Bei solchen steilen und firnigen Abfahrten drehe ich meine Bindung voll zu, damit es keine Auslösung gibt.

Bewertung der Touren

Eine nicht ganz einfache Sache, anders wie im Fels ändern sich die Verhältnisse schnell und kein Winter ist wie der vorherige. Dann gibt es den Aufstieg und die Abfahrt und zuletzt noch Ihr Können, die Leistung mit der persönlichen Vorstellung von der Idealtour. Der eine geht wegen der Abfahrt stundenlang hinauf, und der andere fürchtet sich schon beim Aufstieg vor der Anstrengung der Abfahrt. Als glücklicher Tourengeher kann sich der bezeichnen, der in beiden Richtungen Spaß hat. Damit diese Vorstellung leichter eingeschätzt werden kann, bewerte ich den Aufstieg und die Abfahrt getrennt.

Aufstieg

L – WIE LEICHT:

Hier ist genügend Raum für eine Spur vorhanden, jederzeit kann eine Richtungsänderung vorgenommen werden. Diese Anstiege sind größtenteils ohne Spitzkehren möglich.

M – WIE MITTEL:

Die Hänge sind steiler, Spitzkehren sind teilweise notwendig. Das Tragen der Schi kann erforderlich sein.

S – WIE SCHWER:

Steile Hänge von 35 bis 45 Grad, bei einem Sturz ist die Abrutschgefahr groß. Eisflanken und schmale Grate können vorherrschen (Schwierigkeit ist stark von den Schnee- und Wetterverhältnissen abhängig).
Eventuell müssen Passagen mit dem Seil gesichert werden. Mit Kletterpassagen kann auch gerechnet werden.

Abfahrt

L – WIE LEICHT:

Viel Raum ist für die Abfahrt vorhanden, bei schmalen Stellen herrscht keine größere Steilheit vor.

M – WIE MITTEL:

Flanken mit Auslauf, noch nicht sehr lang, aber sie verlangen enge Schwünge, auch Spitzkehren bzw. ganz gezieltes Schrägrutschen.

S – WIE SCHWER:

Ähnlich wie M, nur längere und steilere Hänge. Bei einem Sturz ist die Gefahr des Abrutschens groß.

ZU BEDENKEN:

ist, daß es bei jeder Tour eine Schlüsselstelle gibt, eine Stelle, wo verstärkt Konzentration, Technik und Kondition eingesetzt werden müssen. Und auf solche Stellen stützt sich die Bewertung. Egal, wie lang oder kurz die Stelle ist.

ZEITANGABEN:

Die Angaben im Buch sind natürlich nur Richtzeiten, abgestimmt auf eine kleine Gruppe. Die Pausen sind nicht eingerechnet, wohl aber das Zusammenwarten, Besprechen und Beobachten während des Aufstiegs und der Abfahrt. Besonders bei der Abfahrt wird das In-großen-Abständen- oder Einzelfahren berücksichtigt. Je größer die Gruppe, umso länger sind die Aufstiegs- und Abfahrtszeiten.

KARTEN:

Zur Auswahl stehen zum Teil Alpenvereinskarten 1:25.000, die Österreich-Karten, wahlweise 1:25.000 oder 1:50.000, oder die Freytag-u.-Berndt-Karte 1:50.000 Julische Alpen Nr. 141.

Sextener Dolomiten, Tabacco-Karte Nr. 010.

Italien und Slowenien: Dort gibt es vor Ort brauchbare Karten.

HÖHENUNTERSCHIEDE

Sie sagen nichts über die Schwierigkeit aus, wohl aber wird die gesamte Anforderung ersichtlich. Davon ist die Abmarschzeit abhängig, zum Beispiel im Frühjahr.

KLIMATISCHE GEGEBENHEITEN

Für diesen betreffenden Teil der Alpen sind drei Einflüsse von großer Bedeutung. Einmal aus nördlicher Richtung, wo weniger die großen Niederschlagsmengen herkommen, sondern starke Winde mit großem Einfluß auf die Schneedecke, besonders am Tauernhauptkamm. Der zweite Einfluß ist aus südlicher, eher noch aus südöstlicher Richtung. Wenn aus dieser Richtung eine Wetterverschlechterung angesagt ist, kann es zu großen Niederschlagsmengen in kurzer Zeit kommen. Und der dritte markante Einfluß ist das eher ungewöhnliche Schönwetter in Verbindung mit Kälte. Diese Perioden können wochenlang anhalten, ohne Niederschlag, und verändern die geringe Schneedecke in grundlosen, zuckerähnlichen Schnee. Solange er nicht in Verbindung mit Neuschnee steht, können in diesem spannungslosen Schnee gute Touren unternommen werden.

Allgemein sind in diesem Raum Touren mit unterschiedlichsten Bedingungen anzutreffen. Zum Beispiel bringt eine Südwestlage nur in seltenen Fällen etwas Schnee. Und im Hochwinter können in den Südhängen schon fantastische Firnhänge entstehen.

Wer aus den nördlichen Alpen kommt und regelmäßig Niederschläge gewohnt ist, wird hier im Süden etwas umdenken dürfen. Da gibt es in den Julischen Alpen aber wieder riesige Niederschlagsmengen.

Verhältnisse also, die kleinräumig sehr unterschiedlich sein können und von den Tourengehern Flexibilität verlangen.

Schitouren-Standorte

Nockberge	*Umgebung Kleinkirchheim*	*L*	*Dezember bis Anfang März*
Defregger Alpen	*Innervillgraten*	*L/M*	*Dezember bis März*
Sonnblickgruppe	*Fraganter Hütte u. Sadnighaus*	*L/M*	*Dezember bis März*
Venediger- und Granatspitzgruppe	*Matreier Tauernhaus*	*M*	*Feber bis April*
Venedigergruppe	*Rostockerhütte*	*M/S*	*Feber bis Mitte Mai*
Glocknergruppe Südseite	*Lucknerhaus/Taurer Wirt*	*M/S*	*Dezember bis Mai*
Glocknergruppe Nordseite	*Franz-Josefs-Höhe/Glocknerhaus, Franz-Josefs-Haus*	*M/S*	*Mai bis Juni*
Sextener Dolomiten	*Umgebung Sexten*	*L/M/S*	*Dezember bis April*
Julische Alpen	*Kranjska Gora*	*S*	*Ende März bis Mai*

Ausrüstungsliste

Die Ausrüstung wird hier in vier Teile unterteilt: Fortbewegung, Reserve, Notfall und geistige Ausrüstung.

Für die Fortbewegung, um eine Tour zu ermöglichen

TOURENSCHI:

Länge plus minus 10 cm von der Körpergröße. Regelmäßiges Wachsen bringt leichtes Schwingen!

TOURENBINDUNG:

90 Grad, guter Abrollpunkt, Schuhsohlen unabhängige, garantierte Auslösewerte.

FANGRIEMEN:

Sind bei Firn sinnvoll, nicht aber bei lockerem Schnee, wo der Schi bald einmal liegen bleibt. Bei einer Verschüttung ist die Ankerwirkung der Schier mit Fangriemen eine bereits beobachtete, zusätzliche Gefahr.

TOURENSCHUHE:

Die Größe so wählen, daß man mit dicken Socken guten Halt hat. Die Gefahr bei zu kleinen Schuhen sind die Erfrierung sowie ewige Druckstellen, die den Spaß am Tourengehen vergällen. Bei zu großen Schuhen verliert man den Spaß an der Abfahrt. Durch zusätzliche gute Einlegesohlen kann viel erreicht werden.

STEIGFELLE:

Klebefelle sind ausreichend, wenn sie 10 bis 15 cm vor dem Schiende mit „runden Ecken“ auslaufen und die Klebefläche gepflegt wird. Zusätzliche Spannbeschläge sind möglich, aber bitte nicht zuviel spannen, das wäre ein großer Nachteil.

STÖCKE:

Sehr modern sind Telemarkstöcke. Die Gefahr dabei ist die Fixierung. Wenn das Rohr innen feucht ist oder leicht oxidiert, kann nur mehr ein Klebeband helfen. Auf Dauer ist der fixe Stock mit einem einfachen Handgriff um nichts schlechter.

RUCKSACK:

Wegen der Reservekleidung und der Notfallausrüstung ist eine Größe von 30 bis 50 Liter notwendig. Vorhanden sein sollten: Schi- und Pickelbefestigung, Hüftgurt und eine gut abschließbare Deckeltasche für Kleinigkeiten.

ANORAK UND ÜBERHOSE:

Hier könnten wesentlich Gewicht und Volumen gespart werden, wenn man einfache und dünne Sachen verwendet. Zum Beispiel die Radfahrerjacken mit Kapuze, die gut, leicht und klein sind. Eine Überhose sollte durchgehend Reißverschluß und Träger haben.

HANDSCHUHE:

Da haben sich nur die Langlaufhandschuhe und die Wollfäustlinge durchgesetzt.

MÜTZEN:

Ich benötige eigentlich drei Arten. Eine als Sonnenschutz, eine leichte zum Gehen bei windigem, kaltem Wetter und eine dicke fürs Abfahren.

SONNENSCHUTZMITTEL:

Kopfbedeckung, 100% Schutzbrille, Sonnenschutzcreme gegen UVA-, UVB- und Infrarot-Strahlen.

Reserveausrüstung

BEKLEIDUNG:

Kunst- oder Naturfaser, eine Frage, die immer wieder gestellt wird. Von den Materialen verlange ich selber nicht so viel, so daß ich mir das Umziehen am Gipfel ersparen würde. Es wird zwar versprochen, aber das Wechseln kann auf Dauer nicht ersetzt werden. Bei den Pullovern bringt mir die Wolle den Vorteil, daß ich nicht immer an- und ausziehen muß. Sie regelt die Temperatur am Körper so, daß es nicht so schnell zu einem Hitze- und Feuchtigkeitsstau kommt. Die Kombination verschiedener Materialien kann selbst durchprobiert werden, bis man seine Lieblingskleidungsstücke herausgefunden hat.

BRILLE:

Eine zweite Brille sollte dabei sein, besonders bei mehrtägigen Touren.

HANDSCHUHE:

Genauso kann ein zweites Paar Handschuhe im Rucksack viel ersparen.

STEIGFELLE:

Wenn die Felle in gutem Zustand und gepflegt sind, ist ein Klebeband, das vielseitig Anwendung findet, ausreichend.

Ausrüstungsliste

AUSRÜSTUNG FÜR DAS BEGEHEN VON GLETSCHERN:

Brust-Sitzgurt, Einfachseil, 2-x-5-m-Reepschnur (5–6 mm), 5 Karabiner, 2 Schlauchbänder, 1 Pickel, 2 Eisschrauben, Steigeisen. Und das Beherrschen der Lastübertragung auf die Schi plus Prusik-Technik und die Seilrolle für die Kameradenrettung.

Notfallausrüstung

Dazu zählen alle Gegenstände, die nach einem Unfall oder einer technischen Panne ihren Einsatz finden. Sie machen das Tourengehen nicht sicherer, sondern machen den Unfall erträglicher oder bieten nach einer Verschüttung eine noch geringe Chance oder ein technisches Gebrechen kann behoben werden. Diese Ausrüstung ist nicht Voraussetzung, damit man eine Schitour machen kann. Jahrelang werden diese Gegenstände eher lästig herumgetragen und auch nicht gebraucht. Wird aber nur einer davon benötigt, so kann er sehr viel helfen.

BIWAKSACK:

Größe für 2, 3 oder 4 Mann. Er findet auch Verwendung für den Abtransport bei
schlechtem Wetter.

SCHAUFEL:

Anwendung für Schneeuntersuchungen, Biwakbau und Kameradenhilfe.

VS-GERÄT:

Um das Verschüttetensuchgerät zu nützen, ist es am Körper und immer eingeschalten zu tragen.
Es gibt Dir eine Chance, wenn die Kameraden damit schnell und verläßlich umgehen können und auch die notwendige Schaufel dabei haben.

ERSTE-HILFE-PAKET:

Die Inhalte wurden von den Alpinmedizinern festgelegt. Die Inhalte nach Gebrauch sofort wieder ergänzen. Für Blasen an den Füßen empfiehlt sich von der Fa. Spenco – Second Skin oder Compeed Pflaster der Fa. Coloplast.

REPARATURZEUG:

Verschleißteile der Bindung, Schrauben verschiedener Art und Länge, Zwei-Komponenten-Kleber, Draht, Zange, Schraubenzieher, Imbus- oder Schraubenschlüssel, Schiwachs für die Steigfelle, Tape, Messer, kleine Holzteile als Dübel, einige Meter dünne Reepschnur.
Achtung: Die Zange ist nicht gedacht, um Weidezäune durchzuzwicken!

Geistige Ausrüstung

Sie kann hier nur in Punkten angeführt werden. Sie sollen vor allem vor einer großen Tour überdacht werden:

1. *Schneedeckenaufbau – von Winteranfang verfolgt?*
2. *Wetterlage – Tendenz?*
3. *Letzter Neuschnee – welche Menge – wo?*
4. *Aus welcher Richtung?*
5. *Temperatur, Feuchtigkeit?*
6. *Lawinenlagebericht?*
7. *Hangrichtung – Wind?*
8. *Schneequalität für die Abfahrt?*
9. *Meine Schitechnik und Kondition?*
10. *Entspricht das Ziel?*
11. *Informationen von „Einheimischen", und welche Interessen haben diese?*
12. *Wie gut sind die anderen Teilnehmer?*
13. *Wie wichtig ist diese Tour, habe ich Bedenken, wie ist die Schlüsselstelle?*
14. *Muß ich durch diesen einen Hang?*
15. *Wieviel Ahnung habe ich auf dem Gebiet der Schneekunde?*
16. *Gibt es Schwachstellen – auf welchem Gebiet?*
17. *Wäre eine Weiterbildung notwendig?*
18. *Soll ich gewisse Touren besser mit Bergführer gehen?*
19. *Oder gehe ich grundsätzlich mit Bergführern?*
20. *Kann ich seine Anweisungen ohne weiteres akzeptieren?*
21. *Wäre ein Training für Aufstieg und Abfahrt oder Sicherheit notwendig?*
22. *Wo tue ich mir schwer, wer kann mich trainieren?*
23. *Habe ich die richtige und nicht zuviel Ausrüstung mit?*
24. *Habe ich genügend Training für die Kameradenrettung?*
25. *Kann ich dieses Training für mich auch von den anderen erwarten?*
26. *Welche Punkte sind momentan wichtig?*
27. *Was sagen andere Beteiligte in bezug auf Sicherheit und Gefahren?*
28. *Was meinen Nichtbeteiligte in bezug auf Sicherheit und Gefahren der geplanten Tour?*
29. *Macht dieses Tun auch Spaß?*
30. *Bin ich ziemlich leistungsorientiert?*
31. *Was habe ich für die Sicherheit investiert?*
32. *Was habe ich für Freude, Können und Kondition investiert?*
33. *Bin ich erfahren, und ab wann ist man überhaupt erfahren?*
34. *Kann ich auch umdrehen?*
35. *Welchen Punkt nehme ich genau unter die Lupe?*

Diese Fragen haben vielleicht nicht immer eine angenehme Wirkung. Der einzige Grund für diese Aufzählung ist aber, die Freude, das Verständnis und die Sicherheit bei den Schitouren zu wecken.

Bergbauern:

Mit ihnen hat der Tourengeher oft zu tun. Man nimmt seine Zufahrtsstraßen in Anspruch, was nicht selbstverständlich ist, oder man parkt auch in der Nähe des Hofes. Rücksichtnahme ist angesagt!

Jungwald:

Über 3 m müssen die kleinsten Bäume im Jungwald sein, damit der Tourengeher durchgehen kann!

Wild:

Ich glaube schon, daß Schitourengeher und Jäger mit gegenseitigem Verständnis und Rücksicht auf dieselben Berge gehen können.

Spitzkehre:

Man kann sich ein Schitourenleben lang bei Spitzkehren anstrengen oder nicht. Bei wenig Training bzw. mit zunehmendem Alter wird die Schitechnik immer wichtiger. Sogar bei den Hochgebirgsrennen spielt die Geh- und Fahrtechnik eine große Rolle. 1 Tag Geh- und Spitzkehrentraining würde reichen.

Abfahrt:

In nicht gutem Schnee – der Schitourengeher braucht eine sichere Fahrweise. In jedem Schnee, bei schlechter Sicht und auch noch mit wenig Kraft.

Rast:

Die ideale Rast beim Aufstieg dauert höchstens 2 Minuten, sagen Experten. Wer es nicht so eilig hat, kann aber auch eine längere Rast einplanen. Ein guter Rastplatz sollte dort geplant werden, wo es nachher etwas flacher weitergeht.

NOCH
SCHNELLER
NEU!
F1 focus
Lawinen-Verschütteten-suchgerät mit „Ampelschaltung". Noch mehr Sicherheit durch die optische focus-Suchhilfe!
... ZUM ENTSCHEIDENDEN PUNKT!
Touren- und Tiefschneerucksäcke
Biwaksack
Lawinenschaufel und Sonden
ORTOVOX
SICHER AUF TOUR
Erhältlich im Sportfachhandel.
Bitte Farbkatalog anfordern!
ORTOVOX Deutschland
Hauptstr. 102, D-82008 Unterhaching
Telefon: 089/6650370
ORTOVOX Österreich
Obere Klaus 176, A-8970 Schladming
Telefon 03687/22551
ORTOVOX Schweiz
St. Moritz Experience
Postfach, CH-7500 St. Moritz
Telefon: 082/22292

Der Nationalpark-Gasthof am Großglockner

Taurerwirt

★★★★

Der zentrale Ausgangspunkt für Ihr Schitourenerlebnis im Nationalpark Hohe Tauern.

Das Nationalparkhotel „Taurerwirt" hat sich dem sanften Wintererlebnis verschrieben.

Traumlage am Ende des Kalsertales, kein Rummel, kein Durchzugsverkehr, dafür eine Idylle, wie man sie nur selten findet.

Nach einer erlebnisreichen Schitour gibt es am Abend viel zu erzählen, wenn man sich im Wintergarten mit Blick auf die malerische Bergkulisse trifft.

Vor dem Genuß der kulinarischen Köstlichkeiten – regionalen Schmankerln, österreichischer Naturküche oder vegetarischen Spezialitäten – sollte man sich noch im „Fitarium" erfrischen. Diese Fitneßoase bietet Sauna, Dampfbad, Solarium, Gesundheitsbäder oder wohltuende Massagen. Und als Abschluß schwimmt man noch einige Runden im beheizten Panoramaschwimmbad, inmitten einer grandiosen Winterlandschaft.

Fordern Sie einfach unsere Informationen an:
NATIONALPARK-HOTEL TAURERWIRT
Familie Peter Rogl, A-9981 Kals am Großglockner
Telefon (0 48 76) 226, Fax (04876)226-11

Alpinschule Osttirol

LEO BAUMGARTNER · A-9900 GAIMBERG · TELEFON 0 48 52/68 7 70

BERATUNG – AUSBILDUNG – FÜHRUNG

WINTER

Schiwandern
Schitouren
Wassereisklettern

SOMMER

Canyoning Das unvorstellbare Abenteuer in den tiefen Schluchten der Lienzer Dolomiten, für alle Schwimmer und Abseiler
Juni bis Oktober, täglich, auch mit Training

Wandern Dolomiten, Schober-, Glockner- und Venedigergruppe

Bergsteigen Klassische Alpengipfel

Klettern Vorwiegend in den Dolomiten

AUSLAND:

Regelmäßig geplant: Dschingis-Khan-Mountainbike-Tour, 3 Wochen im Oktober.
Rund um die Annapurna – Trekking. September/Oktober 3 Wochen. Für Interessierte ist die Besteigung eines Sechstausenders möglich.
Nordjemen – Trekking, November bis Februar, jeweils 2 Wochen

freytag & berndt
DER SPEZIALIST
für
AUTO- UND
FREIZEITKARTEN
STADTPLÄNE
WANDERKARTEN
1:30 000
freytag & berndt WK 235
WÖRTHER SEE
Wanderkarte 1:30 000
freytag & berndt
Ortsbeschreibungen
Wandervorschläge · Sehenswürdigkeiten
Freizeiteinrichtungen · Sportangebote
Ortsverzeichnis
2
Große Freizeitkarte Österreich
Steiermark
Kärnten
1:250 000
Ortsverzeichnis
freytag & berndt
stadtplan city map
plan de ville pianta della città
Salzburg
1:12 000
freytag & berndt
mit Umgebungskarte
with environs map
autokarte road map
carte routière carta stradale
Österreich
1:600 000
freytag & berndt
mit Ortsverzeichnis

Kals am Großglockner

Lucknerhaus

ALPENGASTHOF

Das Lucknerhaus ist „Basislager" für traumhafte Skitouren in die Glockner- und Schobergruppe im „Nationalpark Hohe Tauern".

Das Lucknerhaus liegt in einer Bilderbuchlandschaft in 1918 m Seehöhe am Fuße des Großglockners. Der familiär geführte, gemütliche Alpengasthof verfügt über komfortable Zimmer mit DU/WC und Bergsteigerlager. Unsere Küche ist ganztägig besetzt, und es werden durchgehend warme Speisen, hausgemachte Mehlspeisen, Eis usw. serviert. Sie erreichen uns mit Pkw über die Kalser Glocknerstraße, die im Winter durchgehend geräumt und mautfrei ist. Geöffnet ist das Lucknerhaus über Weihnachten und vom 1. Februar durchgehend bis Ende Oktober.

Schitouren-Erlebnis im Banne des Großglockners

Luckner haus
PENSION
ALPENGASTHOF
1918 m

A-9981 Kals am Großglockner, Osttirol
Besitzer: Familie Hans Oberlohr, Glor-Berg 16
Telefon 0 48 76/291 oder 555, Fax 5555
Vorwahl Ausland: 0043/48 76/291 od. 555, Fax 5555

Beschreibung zu den doppelseitigen Bildern

Seiten 6–7:	*Aufstieg am Schlatenkees (im Hintergrund links die Kristallwand, ganz rechts Schwarze Wand, links davon Hoher Zaun*
Seiten 8–9	*Venedigergruppe (gesehen im Hochwinter von der Adlersruhe am Großglockner)*
Seiten20–21:	*Die Granatspitzgruppe, gesehen vom Großvenediger (der markante Gipfel rechts ist der Großglockner*
Seiten 26–27:	*Die Glocknergruppe, gesehen von Süden*
Seiten 42–43:	*Die Sonnblickgruppe, gesehen vom Kugelkopf (Schobergruppe)*
Seiten 50–51:	*Die Hochalmgruppe von rechts gesehen: Preimlspitze, Hochalm, Schneewinkelspitze, Säuleck*
Seiten 60–61:	*Die Nockberge, wie sie sich vom Gmeineck aus präsentieren. Der markante Gipfel im Hintergrund ist der Große Rosennock*
Seiten 70–71:	*Am Gipfelgrat zum Striedenkopf, im Hintergrund links ist die Reißeckgruppe sichtbar*
Seiten 76–77:	*Lienzer Dolomiten, rechts Spitzkofel, links Laserzwand und Keilspitze*
Seiten 85:	*Von der Lavantspitze blickt man zur Venedigergruppe (im Hintergrund), davor die Lasörlinggruppe*
Seiten 102–103:	*Vom Großvenediger aus gesehen: der markante Gipfel im Hintergrund rechts ist der Antelao, daneben Drei Zinnen, Dreischusterspitze, Marmarolegruppe, Zwölfer, Elferkofel, Hochbrunner Scheid*
Seiten 110–111:	*Im Dunst und weit entfernt: die Silhouette der Julischen Alpen von den Nockbergen aus*
Seiten 126–127:	*Aufstieg zur Triglav-Hütte, links die Karawanken, rechts die Steiner Alpen*

Über 90 Prozent der Fotos wurden mit LEICA M6, 1.4/35, 2/50, 2.8/135 auf Kodak Ektachrome 64, Ektachrome 100 und Fuji-Velvia belichtet.